馬德 呂義 主編

敦煌草書寫本識粹

法華玄贊卷十

呂洞達 呂義 編著

社會科學文獻出版社
SOCIAL SCIENCES ACADEMIC PRESS (CHINA)

《敦煌草書寫本識粹》編委會

總序

一九〇〇年，地處中國西北戈壁深山的敦煌莫高窟，封閉千年的藏經洞開啓，出土了數以萬計的敦煌寫本文獻。其中僅漢文文書就有近六萬件，而草書寫本則有四百多件二百餘種。同其他敦煌遺書一樣，由於歷史原因，這些草書寫本分散收藏於中國國家圖書館、英國國家圖書館、法國國家圖書館、故宫博物院、上海博物館、南京博物院、天津博物館、敦煌市博物館、日本書道博物館等院館。因此，同其他書體的敦煌寫本一樣，敦煌草書寫本也是一百二十年來世界範圍内的研究對象。

（一）

文字是對所有自然現象、社會發展的記載，是對人們之間語言交流的記録，人們在不同的環境和場合就使用不同的書體。敦煌寫本分寫經與文書兩大類，寫經基本爲楷書，文書多爲行書，而草書寫本多爲佛教經論的詮釋類文獻。

敦煌草書寫本大多屬於聽講記録和隨筆，係古代高僧對佛教經典的詮釋和注解，也有一部分抄寫本和佛典摘要類的學習筆記；寫卷所採用的書體基本爲今草，也有一些保存有濃厚的章草遺韻。

敦煌草書寫本雖然數量有限，但具有不凡的價值和意義。

首先是文獻學意義。敦煌草書寫本是佛教典籍中的寶貴資料，書寫於一千多年前的唐代，大多爲聽講筆記的孤本，僅存一份，無複本，也無傳世文獻相印證，均爲稀世珍品、連城罕物，具有極高的收藏價值、文物價值、研究價值。而一部分雖然有傳世本可鑒，但作爲最早的手抄本，保存了文獻的原始形態，對傳世本錯訛的校正作用顯而易見；更有一部分經過校勘和標注的草書寫本，成爲後世其他抄寫本的底本和範本。所以，敦煌草書寫本作爲最原始的第一手資料可發揮重要的校勘作用；同時作爲古代寫本，保存了諸多引人注目的古代異文，提供了豐富的文獻學和文化史等學科領域的重要信息。

其次是佛教史意義。作爲社會最基層的佛教宣傳活動的内容記録，以通俗的形式向全社會進行佛教的普及宣傳，深入社會，反映了中國大乘佛教的「入世」特色，是研究佛教的具體信仰形態的第一手資料。通過對敦煌草書寫本文獻的整理研究，可以窺視當時社會第一綫的佛教信仰形態，進而對古代敦煌以及中國佛教進行全方位的瞭解。

再次是社會史意義。多數草書寫本是對社會最基層的佛教宣傳活動的内容記録，所講内容緊貼社會生活，運用民間方言，結合風土民情，特别是大量利用中國歷史上的神話傳説和歷史故事來詮釋佛教義理，展現出宣講者淵博的學識和對中國傳統文化的認知。同時向世人展示佛教在社會發展進步中的歷史意義，進一步發揮佛教在維護社會穩定、促進社會發展方面的積極作用，也爲佛教在當今社會的傳播和發展提供歷史借鑒。另外有少數非佛典寫本，其社會意義則更加明顯。

最後是語言學的意義。隨聽隨記的草書寫本來源於活生生的佛教生活，內容大多爲對佛經的注解和釋義，將佛教經典中深奥的哲學理念以大衆化的語言進行演繹。作爲聽講記録文稿，書面語言與口頭語言混用，官方術語與民間方言共存；既有佛教術語，又有流行口語……是没有經過任何加工和處理的原始語言，保存了許多生動、自然的口語形態，展示了一般書面文獻所不具備的語言特色。

當然還有很重要的兩點，就是草書作品在文字學和書法史上的意義。其一，敦煌草書寫本使用了大量的異體字和俗體字，這些文字對考訂相關漢字的形體演變，建立文字譜系，具有重要的價值，爲文字學研究提供了豐富的原始資料。其二，草書作爲漢字的書寫體之一，簡化了漢字的寫法，是書寫進化的體現。敦煌寫本使用草書文字，結構合理，運筆流暢，書寫規範，書體標準，傳承有序；其中許多草書寫卷，堪稱中華書法寶庫中的頂級精品，許多字形不見於現今中外草書字典。這些書寫於千年之前的草書字，爲我們提供了大量的古代草書樣本，所展示的標準的草書文獻，對漢字草書的書寫和傳承有正軌和規範的作用，給各類專業人員提供完整準確的研習資料，爲深入研究和正確認識草書字體與書寫方法，解決當今書法界的很多争議，正本清源，提供了具體材料，從而有助於傳承中華民族優秀傳統文化。同時，一些合體字，如「𦬁」（菩薩）、「𦬾」（菩提）、「卌」、「𠦃」或「夾」（涅槃）等，個別的符代字如「煩々」（煩惱）等，可以看作速記符號的前身。

總之，敦煌草書寫本無論是在佛教文獻的整理研究領域，還是對書法藝術的學習研究，對中華民族優秀傳統文化的傳承和創新都具有深遠的歷史意義和重大的現實意義，因此亟須挖掘、整理和研究。

（二）

遺憾的是，敦煌遺書出土歷兩個甲子以來，在國內，無論是學界還是教界，大多數研究者專注於書寫較爲工整的楷書文獻，對於字迹較難辨認但内容更具文獻價值和社會意義的草書寫本則重視不够。以往的有關成果基本上散見於敦煌文獻圖録和各類書法集，多限於影印圖片，釋文極爲少見，研究則更少。這使草書寫本不但無法展現其内容和文獻的價值意義，對大多數的佛教文獻研究者來講仍然屬於「天書」；而且因爲没有釋文，不僅無法就敦煌草書佛典進行系統整理和研究，即使是在文字識别和書寫方面也造成許多誤導——作爲書法史文獻也未能得到正確的認識和運用。相反，曾有日本學者對部分敦煌草書佛典做過釋文，雖然每見訛誤，但收入近代大藏經而廣爲流傳。此景頗令國人汗顔。

敦煌文獻是我們的老祖宗留下來的文化瑰寶，中國學者理應在這方面做出自己的貢獻。三十多年前，不少中國學人因爲受「敦煌在中國，敦煌學在外國」的刺激走上敦煌研究之路。今天，中國的敦煌學已經走在世界前列，但是我們不得不承認，還有一些領域，學術界關注得仍然不够，比如説對敦煌草書文獻的整理研究。這對於中國學界和佛教界來説無疑具有强烈的刺激與激勵作用。因此，敦煌草書寫本的整理研究不僅可以填補國内的空白，而且在一定程度上仍然具有「誓雪國耻」的學術和社會背景。

爲此，在敦煌藏經洞文獻面世一百二十年之際，我們組織「敦煌草書寫本整理研究」項目組，計劃用八年左右的時間，對敦煌莫高窟藏經洞出土的四百多件二百餘種草書寫本進行全面系統的整理研究，内容包括對目前已知草書寫本的釋録、校注和内容、背景、草書文字等各方面的研究，以及相應的人才培養。這是一項龐大而繁雜的系統工程。「敦煌草書寫本識粹」即是這一項目的主要階段性成果。

（三）

「敦煌草書寫本識粹」從敦煌莫高窟藏經洞出土的四百多件二百餘種草書寫本中選取具有重要歷史文獻價值的八十種，分四輯編輯爲系列叢書八十册，每册按照統一的體例編寫，即分爲原卷原色圖版、釋讀與校勘和研究綜述三大部分。

寫本文獻編號與經名或文書名。編號爲目前國際通用的收藏單位流水號（因竪式排版，收藏單位略稱及序號均用漢字標識），如北敦爲中國國家圖書館藏品，斯爲英國國家圖書館藏品，伯爲法國國家圖書館藏品，故博爲故宫博物院藏品，上博爲上海博物館藏品，津博爲天津博物館（原天津市藝術博物館併入）藏品，南博爲南京博物院藏品等；卷名原有者襲之，缺者依内容擬定。對部分寫本中卷首與卷尾題名不同者，或根據主要内容擬定主題卷名，或據全部内容擬定綜述性卷名。

釋文和校注。竪式排版，採用敦煌草書寫本原件圖版與釋文、校注左右兩面對照的形式：展开後右面爲圖版頁，左面按原文分行竪排釋文，加以標點、斷句，並在相應位置排列校注文字。釋文按總行數順序標注。在校注中，爲保持文獻的完整性和便於專業研究，對部分在傳世大藏經中有相應文本者，或寫本爲原經文縮略或摘要本者，根據需要附上經文原文或提供信息鏈接；同時在寫本與傳世本的異文對照、對比方面，進行必要的注釋和説明，求正糾誤，去僞存真。因草書寫本多爲聽講隨記，故其中口語、方言使用較多，校注中儘量加以説明，包括對使用背景與社會風俗的解釋。另外，有一些草書寫本有兩個以上的寫卷（包括一定數量的殘片），還有的除草書外另有行書或楷書寫卷，在校釋中以選定的草書寫卷爲底本，以其他各卷互校互證。

研究綜述。對每卷做概括性的現狀描述，包括收藏單位、編號、保存現狀（首尾全、首全尾缺、尾缺、尾殘等）、寫本内容、時代、作者、抄寫者、流傳情況、現存情況等。在此基礎上，分内容分析、相關的歷史背景、獨特的文獻價值意義、書寫規律及其演變、書寫特色及其意義等問題，以歷史文獻和古籍整理爲主，綜合運用文字學、佛教學、歷史學、書法學等各種研究方法，對精選的敦煌草書寫本進行全面、深入、系統的研究，爲古籍文獻和佛教研究者提供翔實可靠的資料。另外，通過對草書文字的準確識讀，進一步對其中包含的佛教信仰、民俗風情、方言術語及其所反映的社會歷史背景等進行深入的闡述。

與草書寫本的整理研究同時，全面搜集和梳理所有敦煌寫本中的草書文字，編輯出版敦煌草書寫本字典，提供標準草書文字字形及書體，分析各自在敦煌草書寫本中的文字和文獻意義，藉此深入認識漢字的精髓，在中國傳統草書書法方面做到正本清源，又爲草書文字的學習和書寫提供準確、規範的樣本，傳承中華優秀傳統文化。在此基礎上，待條件成熟時，編輯「敦煌寫卷行草字典合輯」，也將作爲本項目的階段性成果列入出版計劃。

「敦煌草書寫本識粹」第一輯有幸得到二〇一八年國家出版基金的資助；蘭州大學敦煌學研究所將「敦煌草書文獻整理研究」列爲所内研究項目，並争取到學校和歷史文化學院相關研究項目經費的支持；部分工作列入馬德主持的國家社會科學基金重大項目「敦煌遺書數據庫建設」，並得到了適當資助，保證整理、研究和編纂工作的順利進行。

希望「敦煌草書寫本識粹」的出版，能够填補國内敦煌草書文獻研究的空白，開拓敦煌文獻與敦煌佛教研究的新領域，豐富對佛教古籍、中國佛教史、中國古代社會的研究。

由於編者水平有限，錯誤之處在所難免。我們殷切期望各位專家和廣大讀者的批評指正。同時，我們也將積極準備下一步整理研究敦煌草書文獻的工作，培養和壯大研究團隊，取得更多更好的成果。

是爲序。

馬德　呂義

二〇二一年六月

釋校凡例

一、本册以中國國家圖書館藏一四七一〇號爲底本（文中稱「唐本」），參校以《大正藏》本《法華玄贊》（CBETA T34, NO. T1723，文中徑稱《大正藏》）。所引經文亦參校以《法華經》（文中稱爲「經本」）。

二、釋録時，對於筆畫清晰可辨，有可嚴格對應的楷化異體字者（與通用字構件不同），使用對應的楷化異體字；不能嚴格對應的（含筆畫增減、筆順不同等），一般採用《漢語大字典》釐定的通用規範繁體字。凡爲歷代字書所收有淵源的異體字（含古字，如仏、礼、𥝢等，俗字，如导等）、假借字，一般照録。凡唐代官方認可並見於正楷寫卷及碑刻而與今簡化字相同者，有的即係古代正字（如万、无、与等），爲反映寫卷原貌，均原樣録出。

對「己、已、巳」常見易混字隨文義録出。無法識別的文字以□代之。凡俗字於其首次出現時加注。

三、録文一律使用校正後的文字和文本，並對原卷仍存的錯訛衍脱等情況進行校勘，在校記中加以説明。鑒於古人徵引文獻時隨文就義，標點時引號僅用於標示所引經義起訖或所引其他論疏。

四、對於寫卷中所用的佛教特殊用字，如上下疊用之合體字𦬇（菩薩）、𦬸（菩提），「卌」、「𠀇」或

「㚖」（涅槃）、「𦬇」（菩提）、𦬇（薩埵）、𦬇（薩婆）等，或符代字如「煩々」（煩惱）等，均以正字釋出。

五、對與前人已經識讀出的文字與異文，在校注中加以說明。

目録

卷前題記釋録

法華玄贊卷第十草書爲燉煌石室寫
經特品筆迹章草尤爲難得此贊中土久已失
傳近自日本流入已見刊本誰知原寫本尚在國
内也初發見時爲一燉煌縣幕友某君所得後
余至甘價讓於余某君在燉煌時尚未經法人搜羅故所得皆精品余藏六朝唐人經卷及佛相皆其所讓
尚有法華玄贊卷第二首書大慈恩寺沙門基
撰末書沙門瑜於西明寺寫記亦係草書而不及
此卷之精頻年避地轉徙入日本遺失而此卷猶存行
篋常有吉祥雲爲之擁護誠至寶也或以卷

一 「心□心嗣齋」之印

二 法華玄賛卷弟十草書，為燉煌石室寫

三 經特品。筆近章草，尤為難淂。此賛中土久已失

四 傳，近自日夲流入，已見刊夲。誰知原寫夲尚在國

五 內也！初發見時，為一燉煌縣幕友某君所淂。後

六 余至甘，價讓於余。某君在燉煌時，尚未經法人搜羅，故所淂皆精品。余藏六

朝、唐人經卷及佛相，皆其所讓。

七 尚有法華玄賛卷弟二，首書大慈恩寺沙門基

八 撰，末書沙門瑜於西明寺寫記。亦係草書，而不及

九 此卷之精。頻年避地，轉入日夲。而此卷猶存行

十 篋，常有吉祥雲為之擁護。誠至寶也！或以卷

末贊詞前寫之數行比後贊少四句或即當時沙
門基自寫稿本也並存其說

民國十一年壬戌十月衡山向燊記於申江

此卷共紙四十一張全一條計三行每張廿五行共一千〇廿八行每行廿二三字不等
內有十四行全無字從第一張左以為名至末卷第十止約計二萬數千字誠鉅觀
也

仝日再記

燉煌石室發見草書經卷祇此一部共
十卷曩在甘肅見同寅所藏尚有五卷
紙墨卷軸長短如一近聞為日人以重值
購去存於國內者已稀於星鳳矣延平

一一 末賛詞前寫之數行，比後賛少四句，或即當時沙
一二 門基自寫稿本也，並存其説。
一三 民國十一年壬戌十月，衡山向燊記於申江。「樂父」之印　「抱蜀廬藏」之印
一四 此卷共帋四十一張。令一條（計三行）。每張廿五行，共一千令廿八行。每行
廿二三字不等，
一五 内有十四行全無字。從弟一張「故以為名」至末卷弟十止，約計二萬數千字。
誠鉅觀
一六 也。　仝日再記　「天放賡」之印
一七 燉煌石室發見草書經卷，祇此一部，共
一八 十卷。曩在甘肅見同寅所藏，尚有五卷，
一九 紙墨卷軸長短如一，近聞為日人以重值
二〇 購去，存於國内者已稀如星鳳矣。延平

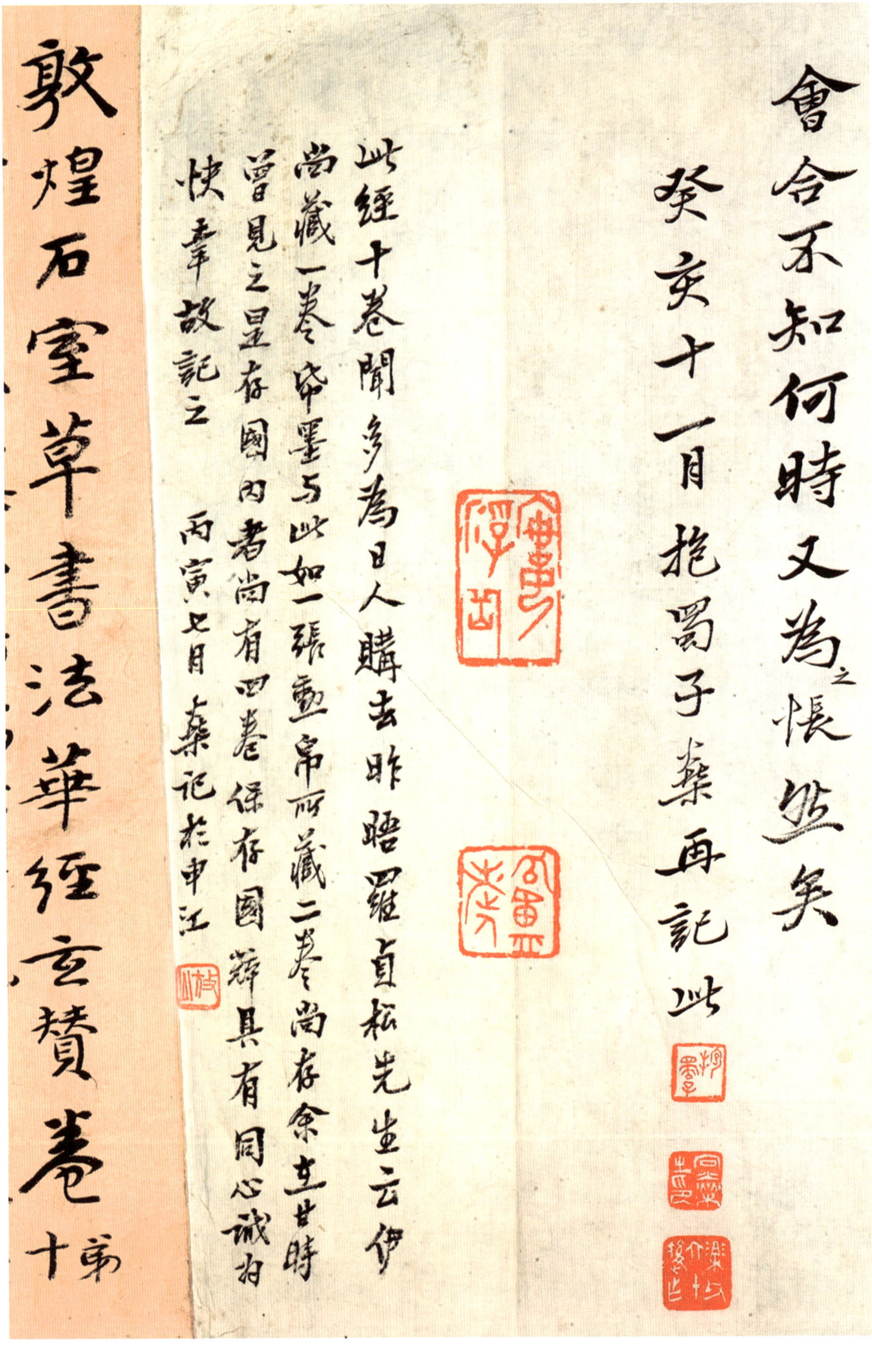

會合不知何時又為之悵然矣

癸亥十一月抱蜀子棨再記此

此經十卷閒為日人購去昨晤羅貞松先生云伊尚藏一卷筆墨與此如一張勳帛所藏二卷尚存余去廿時曾見之是存國内者尚有四卷保存國粹具有同心誠為快事故記之

丙寅七月棨記於申江

敦煌石室草書法華經玄贊卷第十

二一 會合不知何时，又為之悵然矣。

二二 癸亥十一月抱蜀子槃再記此。「抱蜀子」之印　「向槃」之印　「樂父六十後乍」之印

二三 「浮岳慶」之印　「瓜盧老人」之印

二四 此經十卷，聞多為日人購去。昨晤羅貞松先生，云

二五 伊尚藏一卷，帋墨与此如一。張勳帛所藏二卷尚存，余在甘時

二六 曾見之。是存國内者，尚有四卷。保存國粹，具有同心，誠為

二七 快幸！故記之。　丙寅七月槃記於申江　「放公」之印

二八 敦煌石室草書法華經玄賛卷弟十

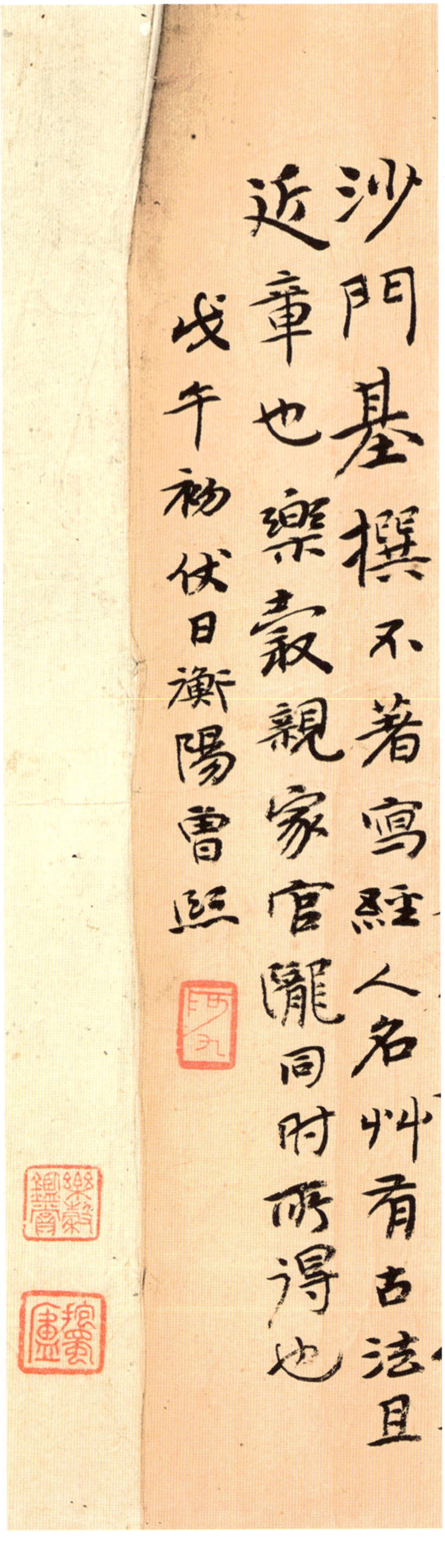

二九 沙門基撰，不著寫經人名。艸有古法，且

三〇 近章也。樂毅親家官隴，同時所得也。

三一 戊午初伏日衡陽曾熙

「阿九」之印

三二 「樂毅鑒賞」之印

「抱蜀廬」之印

法華玄贊卷十釋校

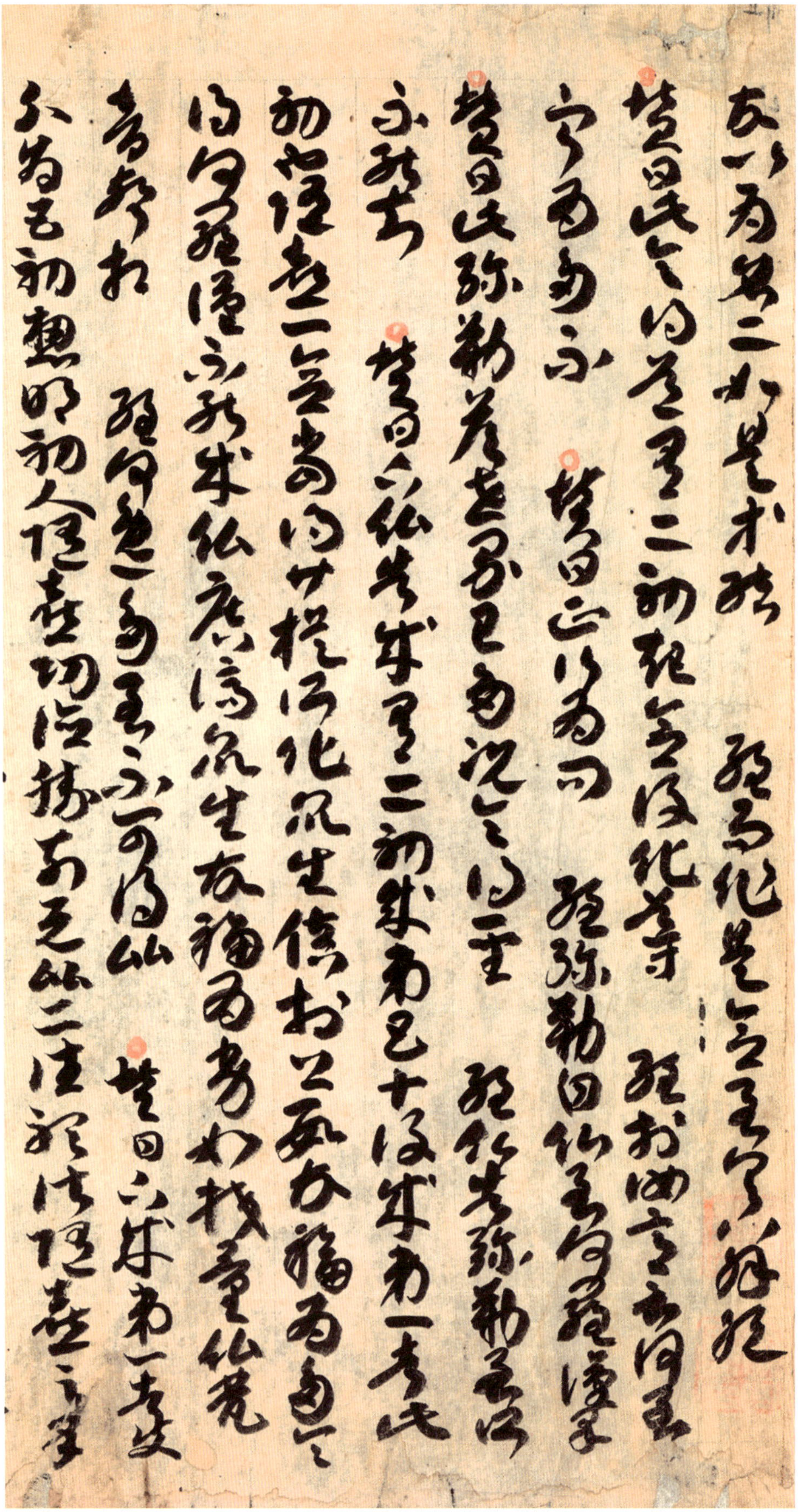

一 故以爲[二]名。二「如是等」結。經「而作是念」至「具八解脫」。

二 贊[三]曰：此令得道。有二：初起念，後化導。經「於汝意云何」至

「寧爲多不」。賛曰：正行[三]爲問。經「弥[四]勒白仏[五]」至「阿[六]羅漢果」。賛曰：此弥勒答。世果[七]已多，況[八]令得聖。經「仏告弥勒」至「所不能知」。賛曰：下仏告成。有二：初成弟[九]五十，後成弟一者。此初也。隨喜一念當得菩提，所化衆[一〇]生倍於上數，故福爲多。令得阿羅漢，不能成仏廣濟[一一]衆生，故福爲劣。如校[一二]量仏梵音聲相。經「阿逸多」至「不可得比」。賛曰：下成弟一者。文分爲五：初揔[一三]明初人隨喜切[一四]德[一五]勝前无[一六]比，二往聽法[一七]隨喜之果，

校注

【一】「爲」，唐代碑刻及唐代寫卷每亦作「為」。【二】「賛」，「贊」之俗字，《大正藏》作「贊」。【三】「行」，《大正藏》作「以」。【四】「弥」，《大正藏》作「彌」，字同。【五】「仏」，古「佛」字。《大正藏》作「佛」。【六】「阿」，唐本形如「何」，依經本和《大正藏》釋「阿」。【七】「果」，唐本原作「界」，據《大正藏》改。【八】「況」，《大正藏》作「况」，字同。顔元孫《干禄字書》：況、况，上俗下正。【九】「弟」，「第」之古字，《大正藏》作「第」。【一〇】「衆」，《大正藏》作「眾」，字同。【一一】「濟」，唐本右部「齊」與傳統草書「高」同，敦煌草書寫卷每如此。【一二】「校」，《大正藏》作「挍」（因明熹宗名「由校」而避諱作「挍」）。【一三】「揔」，《大正藏》作「總」，字同。【一四】「切」，「功」之俗字。字形見於漢隸、魏碑、唐楷。【一五】「德」，唐人小楷寫卷每作「徳」，字同。【一六】「无」，《大正藏》作「無」，字同。【一七】「法」，《大正藏》作「聞」。

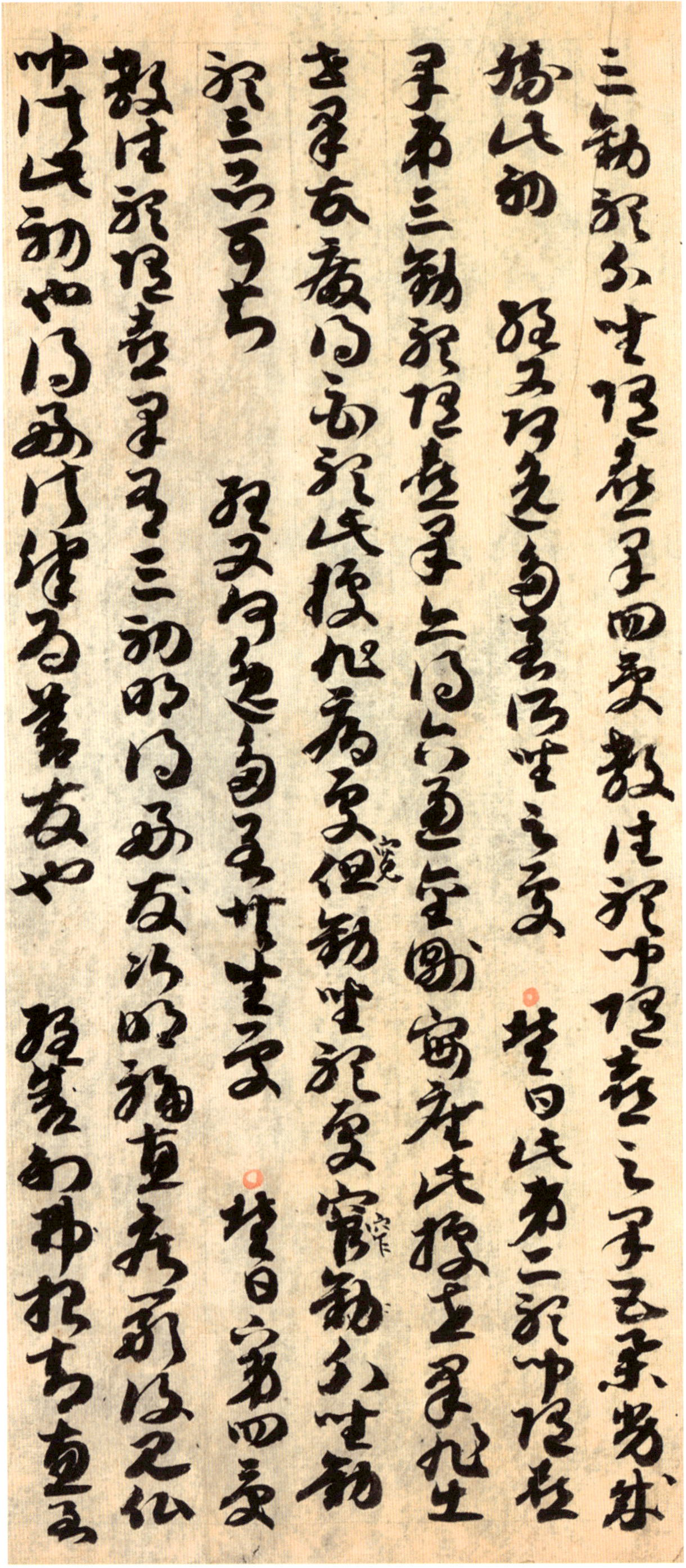

一〇 三勸聽分坐[一]隨喜果，四受教往聽聞[二]隨喜之[三]果，五乗[四]劣成

一一 勝。此初[五]。經又「阿逸多」至「所坐之處」。贊曰：此弟二聽聞隨喜

果、弟三勸聽隨喜果，亦得六通、金剛寶[六]座。此據世果，非出世果[七]故。病[八]得卧[九]聽，此據非病。處寬[一〇]但勸坐聽[一一]，處窄[一二]分坐勸。聽三品可知[一三]。經又[一四]「阿逸多」至「共生〔一〕[一五]處」。贊曰：下弟四受教往聽隨喜果。有三：初明得好友[一六]，次明福恵[一七]荘[一八]嚴，後見仏聞法。此初也。得好[一九]法伴爲善友也。經「舍[二〇]利弗[二一]根智恵」至

校注

【一】「坐」，《大正藏》作「座」，古通。凡古通之字，基本依高亨《古字通假會典》，後不再注。【二】「聞」，《大正藏》無。【三】「之」，《大正藏》無。【四】「秂」，《大正藏》作「舉」，字同。【五】「初」下，《大正藏》有「也」。【六】「寶」，唐本寫法「宀」下爲草書「母」，不見於傳統草書。【七】「果」，《大正藏》無。【八】「病」，唐本字形似「廢」。【九】「卧」之草書法，與〔日〕空海《新撰類林抄》寫法同。【一〇】「寛」，唐本小字補。【一一】「聽」，《大正藏》無。【一二】「窄」，依行右小字釋之。下有「勸」，點删。【一三】「聽三品可知」，《大正藏》無。【一四】「又」，《大正藏》無。【一五】「一」，唐本無，據《大正藏》補。【一六】「友」上，《大正藏》有「善」。【一七】「恵」，「惠」之俗字，字形見於秦漢簡帛、碑刻及王羲之《蘭亭序》。《大正藏》作「慧」，古通。【一八】「荘」，《廣韻》：「荘」乃「莊」之俗字。【一九】「好」，《大正藏》作「解」。【二〇】「舍」，唐本作「舎」，乃「舍」之俗字。【二一】「舍利弗」，《大正藏》作「利」。

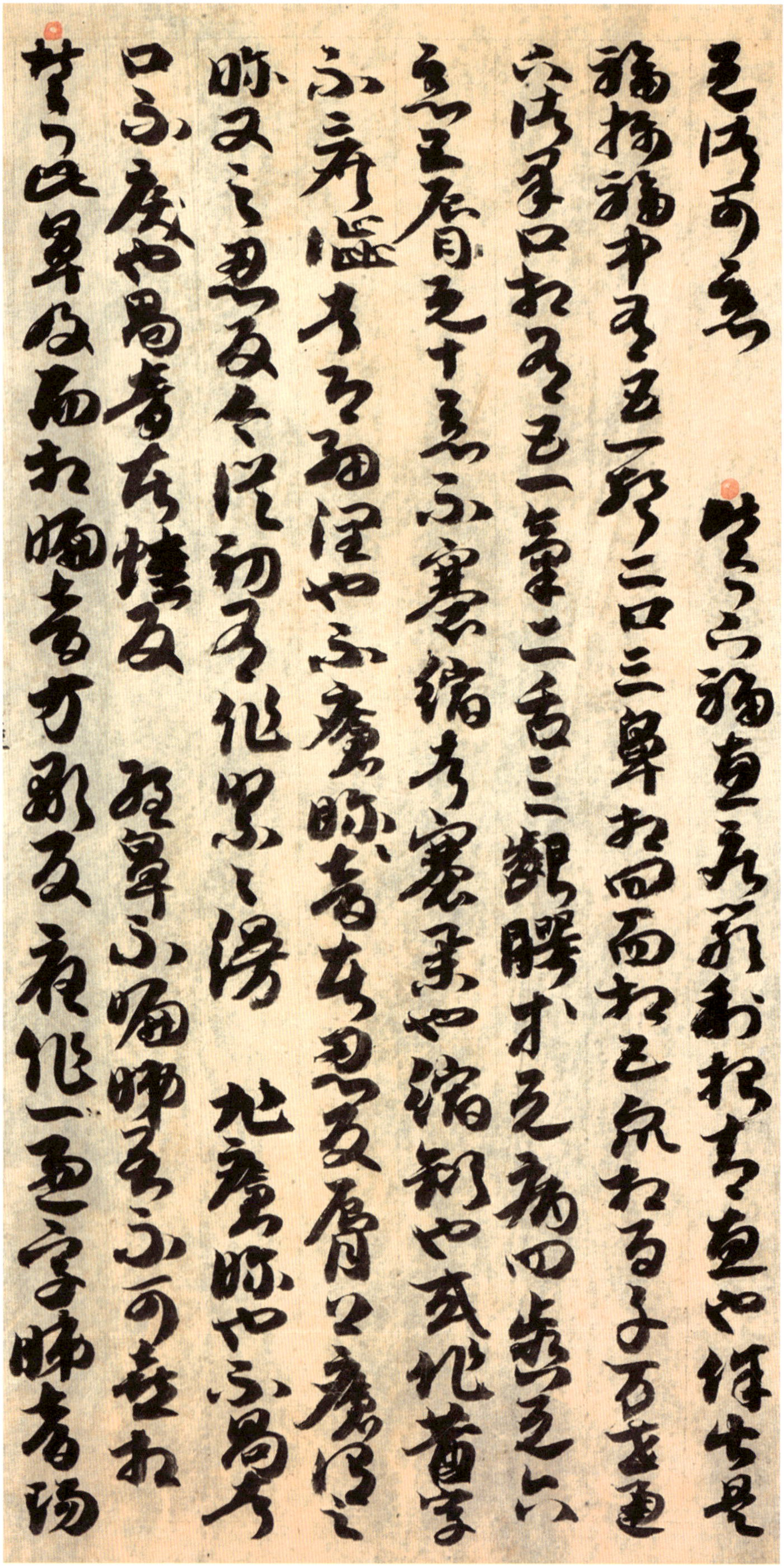

一七 「无諸可惡」。贊曰：下福恵庄嚴。利根，智恵也，餘皆是

一八 福攝。福中有五：一聲[一]，二口[二]，三鼻相，四面相，五衆相。百千万[三]世通

下諸果。口相有五：一氣，二舌，三齶腭[四]等无病，四齒无六惡，五脣[五]无十惡。「不褰縮」者，褰，乑也，縮，短也，或作茜字。「不麁澁」者，即[六]細潤也。「不瘡胗」[七]，胗，音居[八]忍反，脣上瘡謂之胗；又之忍反。今從初。有作緊，緊縵[九]，非瘡胗也。「不咼[一〇]」者，口不戾[一一]也。咼，音苦蛙反。經「鼻不𦜆䏲」[一二]至「不可喜相」。贊曰：此鼻及面相。𦜆，音方顯反，應作匾[一三]字。䏲，音湯

校注

【一】「聲」下，《大正藏》有「相」。【二】「口」下，《大正藏》有「相」。【三】「万」，《大正藏》作「萬」，字同。【四】「腭」，《大正藏》作「齶」，字同。【五】「脣」，《大正藏》作「唇」，字同。【六】「即」，《大正藏》作「有」。【七】「胗」，唐本字形似「眕」，依唇上瘡而言釋「胗」。「胗」，「胗」之俗字。《大正藏》作「胗」。「胗」右旁「尔」，唐本作「尔」，此種結字，始於魏碑。【八】「居」，唐本原作「苦」，據《大正藏》改。《廣韻》：胗，「又居忍切」。【九】「縵」，《大正藏》作「縵」，字同。【一〇】「咼」，《大正藏》作「喎」。【一一】「戾」，唐本作「戻」，見於《碑别字》。【一二】「𦜆䏲」，唐本皆似「日」旁，《漢語大字典》無之，而收有「𦜆䏲」，釋爲鼻不正。【一三】「匾」，唐本上横過高，而成「一匾」。

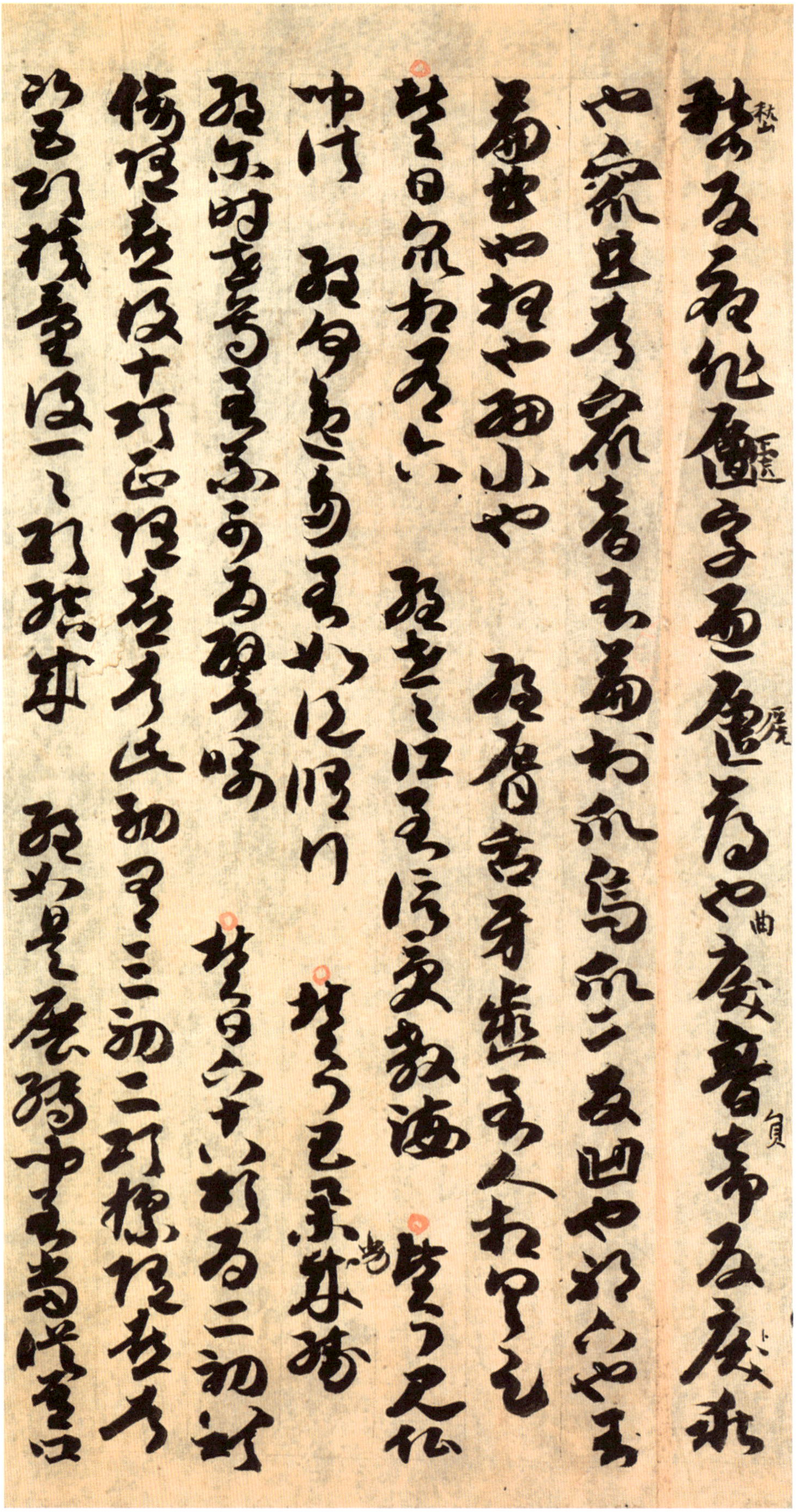

稸[一]反，應作匱[二]字。匾[三]匱，薄也。「曲[四]戾」，〔戾〕[五]音魯[六]帝反，乖[七]

也。「窊曲」者，窊，音《玉篇》「於瓜、烏瓜二反，凹也邪[八]下也」。《玉篇》[九]：曲也[一〇]，枉也，細小也。經「脣舌牙齒」至「人相具足」。贊曰：衆相有六。經「世世所」[一一]至「信受教誨」。贊曰：見仏聞法。經「阿逸多」至「如說脩[一二]行」。贊曰：五乑[一三]劣[一四]成勝。經「尔時世尊」至「不可爲譬喻」。贊曰：下[一五]十八頌，爲二：初八頌傍隨喜，後十頌正隨喜者。此初。有三：初二頌摽[一六]隨喜者，次五頌校量，後一一[一七]頌結成。經「如是展轉聞」至「常[一八]從其口

校注

【一】「稽」，唐本原字塗改，小楷補寫。【二】「⿷匚虎」，唐本出現兩次，先寫「匸」，中爲「層」，後復小楷改作「⿷匚虎」，字小訛，不另注。【三】「匾」，唐本作「遍」，似誤。「匾」，《漢語大字典》釋「薄」。【四】「曲」，唐本小楷補之。【五】「戾」，唐本無，據《一切經音義》卷二十七補。【六】「魯」，原作「負」，據《大正藏》改。《切韻彙校》（徐朝東點校）：魯帝反。唐本「負」似「員」。【七】「乖」上，唐本有「戾」，以「卜」字符刪除。【八】《大廣益會玉篇》：「衺下也」。衺同「邪」。【九】「玉篇」，《大正藏》無。【一〇】「也」，《大正藏》無。【一一】「所」下，《大正藏》有「生」。【一二】「脩」，《大正藏》作「修」，字同。【一三】「乑」，唐本小字補。【一四】「劣」，唐本小字旁補。【一五】「下」，《大正藏》無。【一六】「摽」，《大正藏》作「標」，字同。【一七】「一」，係重文符，則係衍文，《大正藏》無；或可釋「之」。【一八】「常」，唐本作「當」，據經本及《大正藏》改。

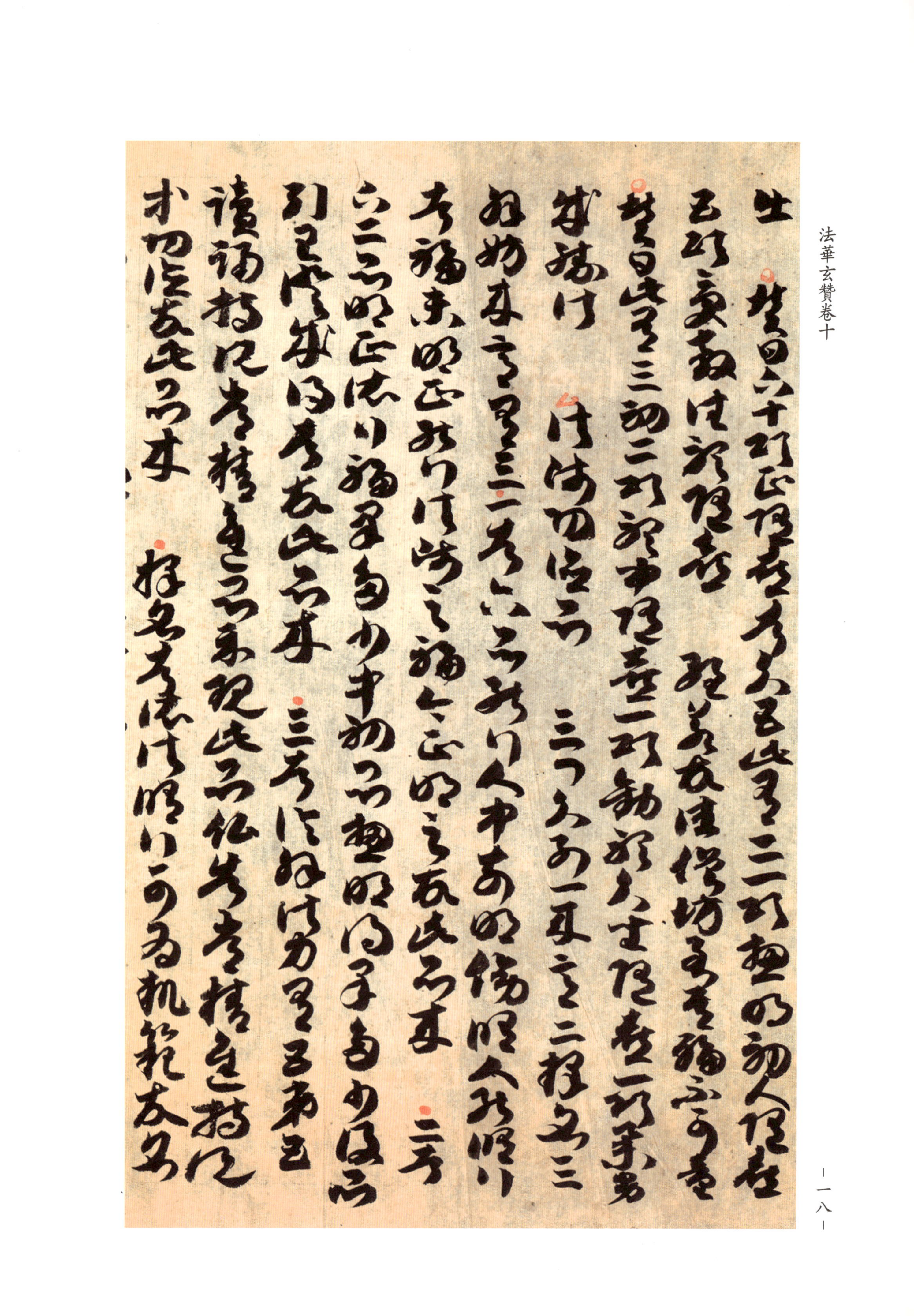

[illegible]

出」。贊曰：下十頌正隨喜者。分五，此有二：一頌揔明初人隨喜，五頌受教往聽隨喜。經「若故詣[一]僧坊」至「其福不可量[二]」。贊曰：此有三：初二頌聽聞[三]隨喜，一頌勸聽分坐隨喜，一頌𥝢劣成勝法[四]。《法師功德品》。三門分別：一來意，二釋名，三解妨。來意有三。一者，六品能行人中，前明傍脩[五]人能脩行者福，未明正能行法師之福，今正明之，故此品來。二者，下二品明正依行福果多少中，初品揔明得果多少，後品引已證成得者，故此品來[六]。三者，論解法力有五，弟五讀誦持説《常精進品》示現，此品仏告常精進持説等功德，故此品來。釋名者，依法脩行可爲軏[七]範，故名

校注

【一】「詣」，唐本作「往」，據經本及《大正藏》改。【二】「量」，《大正藏》作「限」。【三】「聞」，唐本形似「中」。【四】「法」，《大正藏》無。【五】「脩」，《大正藏》無。【六】「來」，《大正藏》作「興」。【七】「軏」，《大正藏》作「軌」，字同。

法性實理者非理性二明法性之一切法如是法性
經云　得授者何故前得法云總持者等至實陀羅尼者法
世尊至人四衆安樂利云總持者文殊如來壽量不可量經
陀羅尼功德總持者彌勒說法時云者持是不生陀羅尼
若法時云明人法二時菩薩至亞去不壞總家以弘羅法為法
第為法師者依佛說授法從又接人從勸家衆人依
抱生之安樂利云明解脫者三業苦利文殊無勸修利身
為衆生善友自之心利為先友偏生文殊壽量云明三佛
廿根不可功德明是經從隨經喜功德我量勸求無量功佛
果因非位高正覺之時大王何因緣生死之出流家是

四三 法師。唯能行者，非所行法。此品明法師之切德，故名法師切
四四 德品。解妨者，何故前《法師品》仏告藥王，寶塔、天授告諸
四五 菩薩并天人四衆，《安樂行品》獨告文殊，《如來壽量》《分別切德》
四六 《隨喜切德》獨告弥勒，此法師品者[一]告常精進不告餘耶[二]？
四七 答：《法師品》明人、法二師。藥王過去不恡[三]軀[四]命以弘經法，以法[五]爲
師，
四八 身爲法師[六]，是故偏告。寶塔法證、天授人證，勸示衆人，故
四九 揔告之。《安樂行品》明離毀傷三業善行，文殊每勸脩行，多
五〇 爲衆生善友，自亦以行爲先，故偏告文殊。《壽量品》明三仏
五一 菩提，《分別切德》明道證階降，《隨喜切德》校量勸示希求仏
五二 果，自非位齊正覺、智階大聖，何由識真化之幽微、察道

校注

【一】「者」，《大正藏》無。【二】「耶」，《王力古漢語字典》：「説文無耶字」，耶字由邪字訛變而來。【三】「恡」，《大正藏》作「悋」，字同。與「吝、吝、悋」皆同。【四】「軀」，唐本形似「遊」或「旋」，釋從《大正藏》。【五】「以法」，唐本小字補。【六】「師」，唐本小字補。

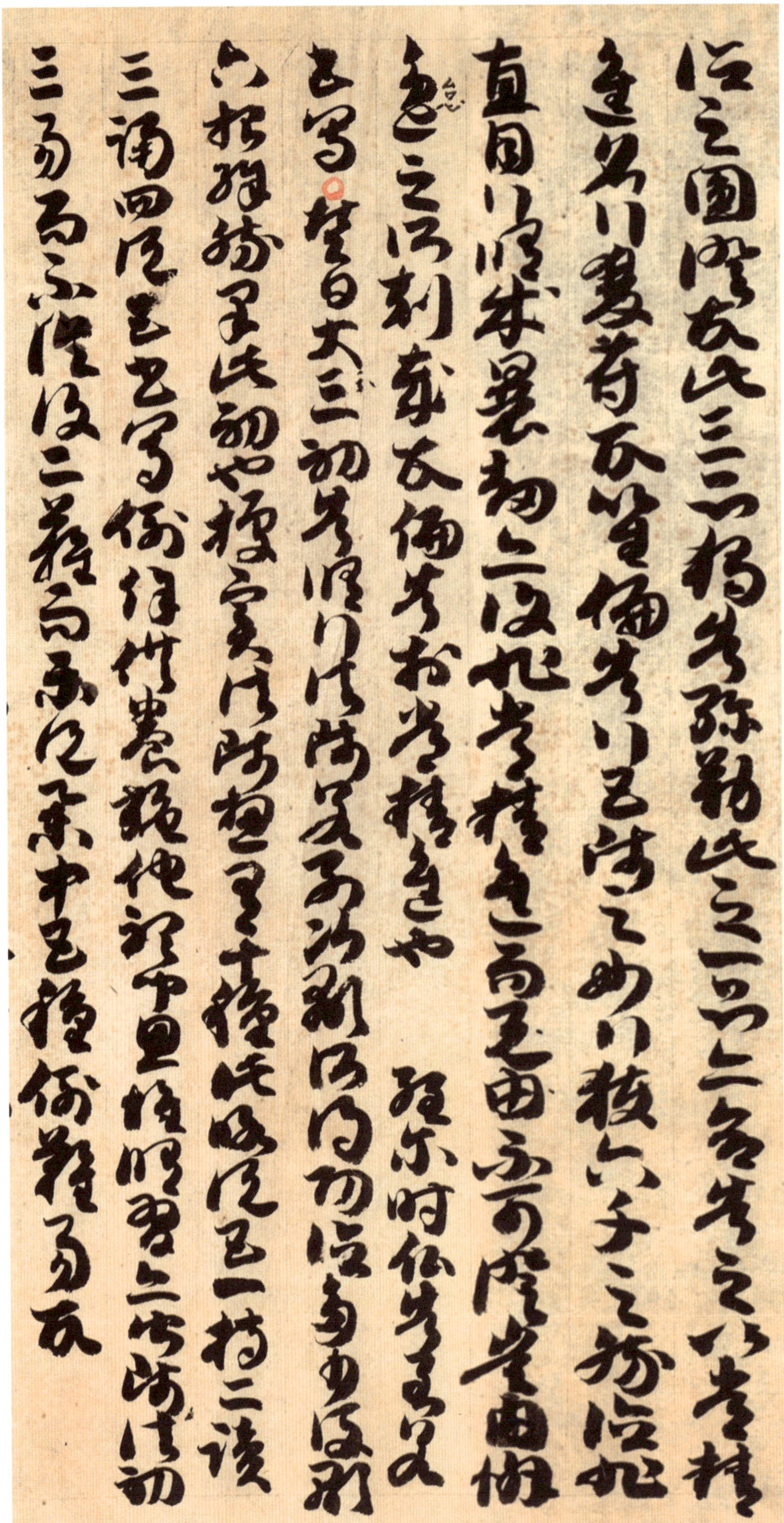

五三

德之圓證？故此三品獨告弥勒。此之一品亦合告之，以常精

五四 進名、行雙苻，故唯偏告。行五師之妙行，獲六千之勝德，非
五五 直自行脩成，曩刧[一]亦復非常精進而无由[二]不可證，豈由懈
五六 怠[三]之所剋成[四]？故偏告於常精進也。經「尔時仏告」至「若
五七 書寫[五]」。賛曰：大[六]分[七]三：初告脩行法師差别[八]，次顯所得功德多少，後

顯

五八 六根殊勝果[九]。此初也。據實法師摠有十種，此略說五：一持，二讀，
五九 三誦，四說，五書[一〇]寫；例餘供養、施他、聽聞、思惟、脩習，亦皆法師[一一]。

初

六〇 三易而不論，後二難而不說，乑中五種例難、易故。

校注

【一】「刧」，《大正藏》作「刼」，字同。【二】「无由」，《大正藏》無。【三】「怠」，唐本原作「逸」，右側小字寫「怠」，當係校改。《大正藏》作「逸」。【四】「成」，唐本作「歳」，據《大正藏》改。【五】「冩」，《大正藏》作「寫」，字同。【六】「大」下，《大正藏》有「文」。【七】「分」，唐本小字補。【八】「差别」，因在敦煌草書寫卷中頻繁出現，故甚簡連，此處之「差」，唐本形同「若」。【九】「果」下，《大正藏》有「用」。【一〇】「書」，《大正藏》無。【一一】「法師」，唐本作「師法」，中有倒乙符。

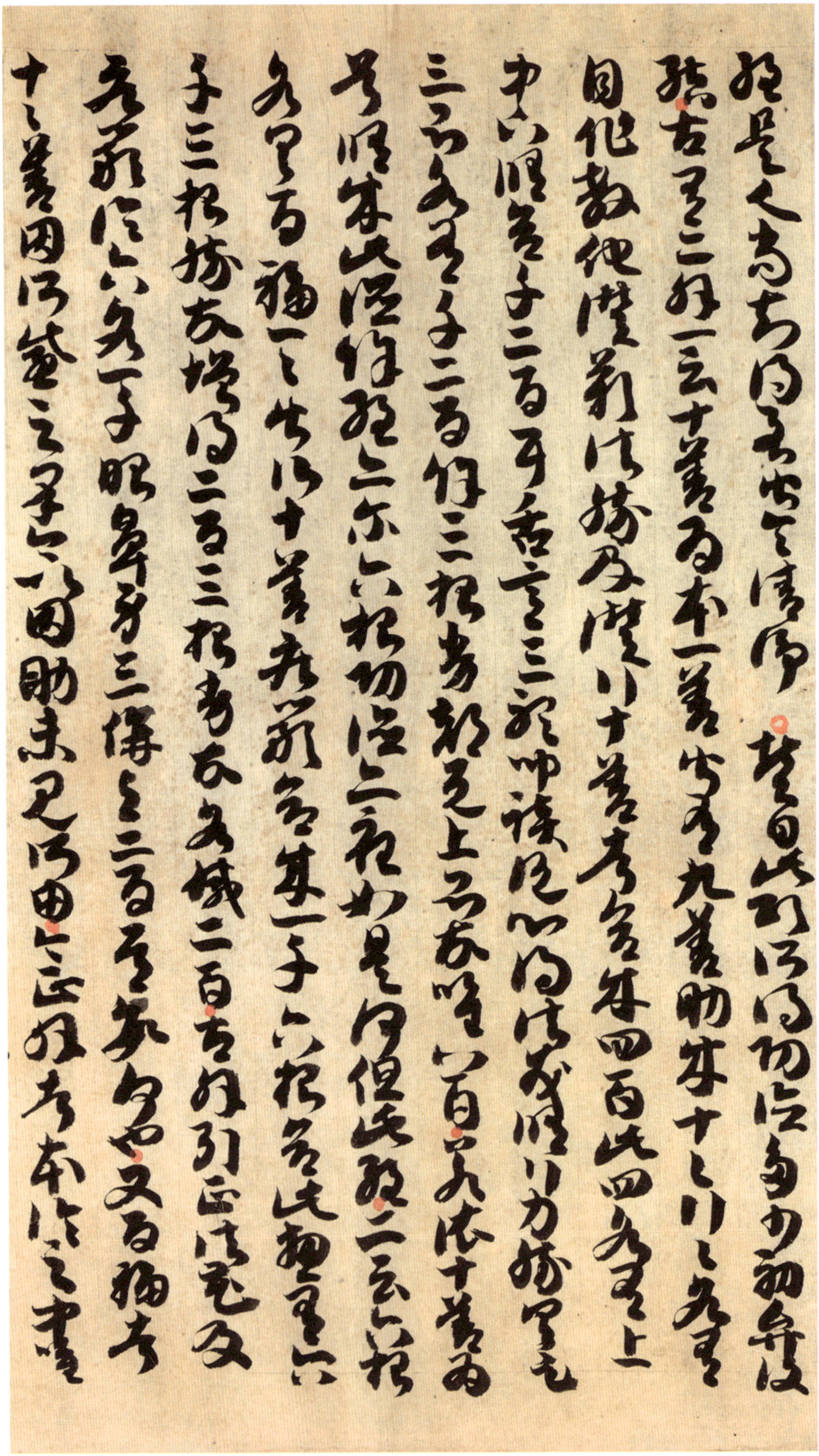

六二

經「是人當[一]得」至「皆令清淨」。贊曰：此顯[二]所得功德多少。初弁[三]，後

六二 結。古有二解。一云，十善爲夲[四]，一善皆有九善助成，十[五]行。十行各有
六三 自作、教他、讚歎法勝及讚行十善者，合成四百。此四各有上、
六四 中、下脩，合千二百。耳、舌、意三，聽聞、談説、心得法義，脩行力勝，具
足
六五 三品各有[六]千二百。餘三根劣都无上品，故唯八百。若依十善爲
六六 首脩成此德，餘經亦尔，六根功德亦應如是，何但此經？二云，六根
六七 各具[七]百福，一一皆以十善莊嚴，合成一千。六根合此揔有六
六八 千，三根勝故增得二百，三根劣故各減二百。古解引《正法花[八]》及
六九 《莊嚴論》六[九]各一千，眼、鼻、身三，併与[一〇]二百，其數何也。又百福者，
七〇 十十善因所感之果。今以因助，未見所由。今正解者，夲論之中唯

校注

【一】「當」，唐本形似「尚」，「尚」「當」，草書易混，釋從《大正藏》。「當」下，唐本有「知」，據經本及《大正藏》删。【二】「顯」，唐本作「頌」，據《大正藏》改。【三】「弁」，《大正藏》作「辨」。敦煌寫卷兩字相通。【四】「夲」，《廣韻》：「本」，俗作「夲」。【五】「十」上，《大正藏》有「各成」。【六】「有」，《大正藏》無。【七】「具」，《大正藏》作「有」。【八】「花」，《大正藏》作「華」，古通。【九】「六」下，《大正藏》有「品」。【一〇】「与」，《大正藏》作「與」，古同。

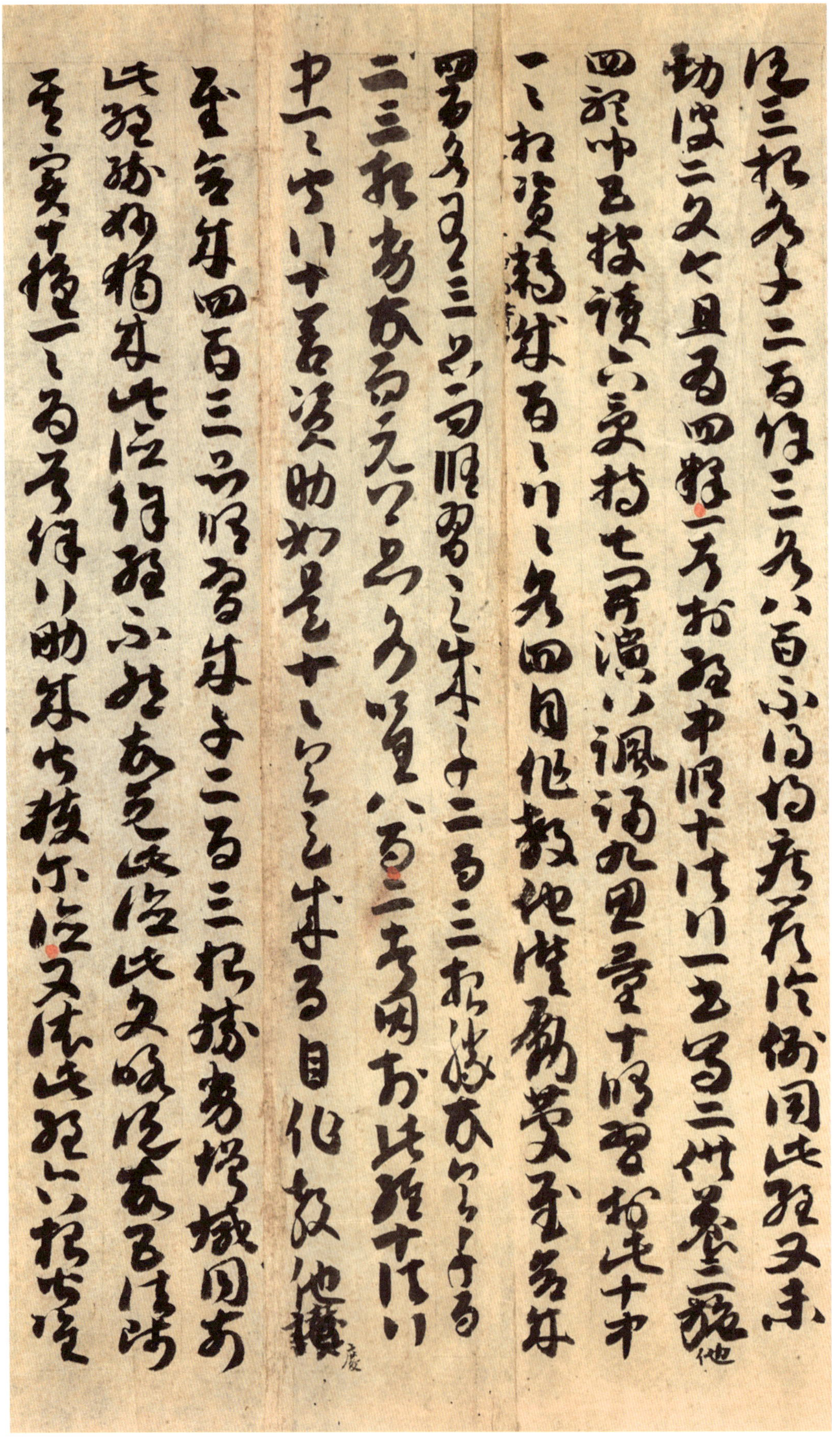

七二

說三根各千二百，餘三各八百，不得將《莊嚴論》例同此經。又未勘彼二文，今且爲四釋。一者，於[一]經中脩十法行：一書寫，二供養，三施他[二]，四聽聞，五披讀，六受持，七開演，八諷誦，九思量[三]，十脩習。於此十中一一相資轉成百行，百行各四：自作、教他、讃[四]勵、慶慰，合成四百。各有三品而脩習之，成千二百。三根勝故具千二百[五]，三根劣故而无上品各唯八百。二者，因於此經十法行中，一一皆行[六]十善資助，如是十十具足成百。自作、教他、讃〔勵〕[七]、慶[八]慰，合成四百。三品脩習成千二百，三根勝劣增減同前。此經勝妙獨成此德，餘經不然，故无此德。此文略故，説[九]五法師，其實十種，一一爲首，餘行助成，皆獲尔德。又依此經，六根皆唯

校注

【一】「於」下，《大正藏》有「此」。【二】「他」，唐本小字補。【三】「量」，《大正藏》作「惟」。【四】「讃」，「讃」之俗字，《大正藏》作「讃」。【五】「二百」，唐本作「百二」，中有倒乙符。【六】「行」，《大正藏》作「以」。【七】「勵」，據《大正藏》補。【八】「慶」，係行下小字補寫。【九】「故説」，唐本作「説故」，據《大正藏》乙正。

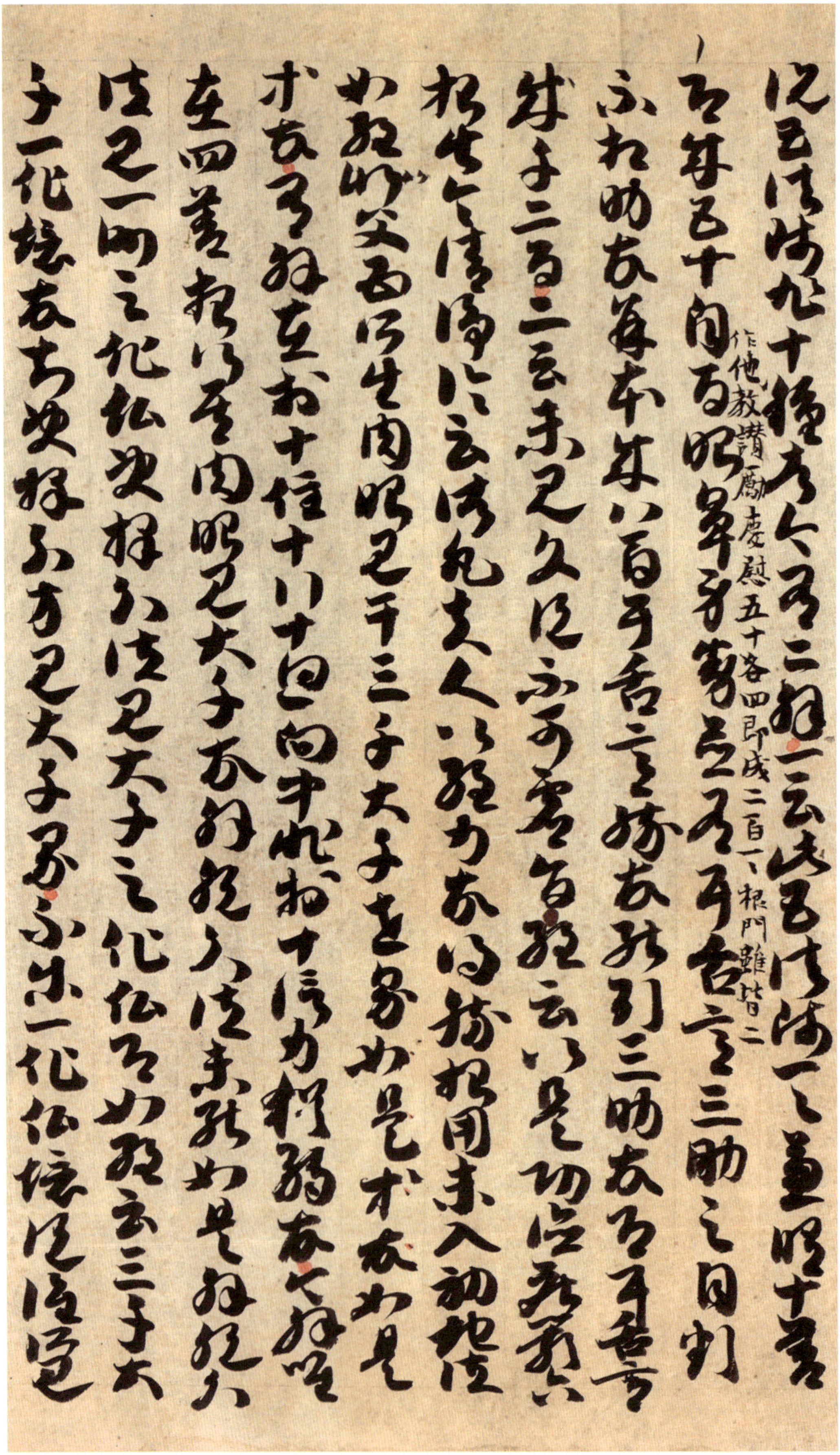

八一

說五法師非十種者，今有二解。一云，此五法師一一兼脩十善，

八二 即成五十。自作、教他[一]、讚勵、慶慰，五十各四即成二百。一一根門雖皆
二[二]百，眼、鼻、身劣，並有耳、舌、意三助之。自類
八三 不相助，故並夲成八百。耳、舌、意勝，故能引三助，故即[三]耳、舌、意
八四 成千二百。二云，未見文説，不可虛盲[四]。經云「以是功德莊嚴六
八五 根皆令清浄」，論云「諸凣[五]夫人以經力故得勝根用，未入初地位」。
八六 如經以[六]父母所生肉眼，見于[七]三千大千世界[八]；如是
八七 等故，有解在於十住十行十迴向中，非於十信，力猶弱故。今解唯
八八 在四善根〔位〕[九]，以其肉眼見大千故，解脱分位未能如是。解脱分
八九 位見一洲之化仏，決[一〇]擇分位見大千之化仏，即如經云三千大
九〇 千一化[一一]境，故知決擇分方見大千界。不尒，一化仏境説誰所見

校注

【一】「教他」，唐本作「他教」，中有倒乙符。【二】「自作」至「皆二」，係行間小字補寫。【三】「即」，《大正藏》無。【四】「盲」，《大正藏》作「卜」。「盲」與「旨」同。【五】「凣」，「凡」之俗字。【六】「以」，唐本原書一訛字，校改之。【七】「于」，《大正藏》作「於」，字同。【八】「世界」下，唐本有「如是等故」，點删。【九】「位」，唐本無，據《大正藏》補。【一〇】「决」，《大正藏》作「決」，字同。《玉篇・冫部》：「决，俗決字」。【一一】「化」下，《大正藏》有「佛」。

論說云又六根清淨者於一一根中悉能具見色中能者
香味觸等諸根互用故明見者中凡夫者以經力得勝根用
未證聖位及無雖示未證位以要色顯明見是凡夫故
未得清淨中凡夫者得是凡夫境界根者於得清淨者
以界根者於此界三業云清根互用唯在十地等成等云
得自在位諸根互用一根發識緣一切境於凡地者亦名自
在諸根互用菩薩何位見中大千界地者位初地已上見當
世界視唯三千於見初地已上實之一百三千大千於一化
佛境且言見大千於理見者二者清根互用得大自在唯
在十地唯識等是少分所以分之得多地者是之得證淺故
說地者得在凡夫言得見於六根互用中故此解者言前凡夫

九一　耶？論云：「又六根清浄者，於一一根中悉[一]能具足見色聞聲知
九二　香味觸等，諸根㸦[二]用故。」眼見者聞香能知，如經釋提桓因
九三　在勝殿上，五欲娱樂在殿上坐。色應眼見鼻能知故，乃
九四　至說法故聞香知者，此即[三]是智境鼻根知故。說法應智知，
九五　以鼻根知故。此有二義[四]。一云，諸根㸦用唯在十地。《唯識》等云
九六　「得自在位，諸根㸦用，一根發識縁[五]一切境故」，非地前可名自
九七　在諸根㸦用。其前所說見聞大千通地前位，初地已上見百
九八　世界，非唯三千故。又初地已[六]上實見一百三千大千，據一化
九九　仏境且言見大千，於理无爽[七]。二者，諸根㸦用得大自在唯
一〇〇　在十地。《唯識》等是。若加行力分亦得者，地前亦得。故此夲論
一〇一　說地前得，在凡夫言，許通於下㸦用中故。此義應言[八]前凡夫

校注

【一】「悉」，唐本作「悉」或「悉」，又有上部「采」作「𦍌」者，皆是「悉」之俗字。【二】「㸦」，《大正藏》作「互」，字同。【三】「即」，《大正藏》無。【四】「此有二義」，《大正藏》作「此義有二」。【五】「縁」，唐本「彖」上部「彑」作「ヨ」，部首同，「緣」、「縁」字同。【六】「已」，《大正藏》無。【七】「爽」，唐本形如「爽」，字同。【八】「此義應言」，《大正藏》無。

住得安樂證今初地上清神通用故此常能地安樂自在用也
能見菩薩子三生之生者　贊曰下第三有二初六神珠
勝能用初明長行有三一因明能通六神通者二明足進度三
足莫能　經爾時父見子神力如是　贊曰已下第四一頌能
一頌二足讚一眾生故能小教化二子之明見太子今後將能
力九大明之太子初地菩薩足一乃大子者等六種功德當有
亦因何得壞無太子是安隱因勝勢字證亦因識用差異
又子義等文證是內外雅由因增城壞是一化外所善同異
如二乘傷所寫遠有二子三子宿親生明何者已未得其
不文如初地足明足為太子勝二乘等宿家生死但者方功

位得前功德，今初地上諸根互用，故此序[一]非地前有互用也。經「是善男子」至「悉見悉知」。賛曰：下弟三段別顯六根殊[二]勝作用。初眼。長行有三：一肉眼非通，下皆准知；二所見近遠；三見業報。經「尒時世尊」至「肉眼力如是」。賛曰：五頌，分四，一勑[三]聽，一數，二近遠，一衆生及結。小教説二乘[四]天眼見大千，今説持經力凡夫眼見大千，初地菩薩見一百大千世界，六根功德多少不同，所得境界大千无別。脩因勝劣果德不同，識用无[五]差大千咸等。又德是内成就[六]，由因增減[七]；境是一化，外取量同。只如二乘傍取，遂有二千三千。宿命、天眼，所知過、未俱成八万。又如初地天眼見百大千，勝二乘等；宿命、生死但知百劫，

校注

【一】「此序」，《大正藏》無。【二】「殊」，唐本小字補。【三】「勑」，《大正藏》作「勅」，字同。【四】「乘」，自漢隸至唐代小楷寫卷每作「乗」。【五】「无」，《大正藏》作「不」。【六】「就」，《大正藏》無。【七】「減」，《大正藏》作「咸」。

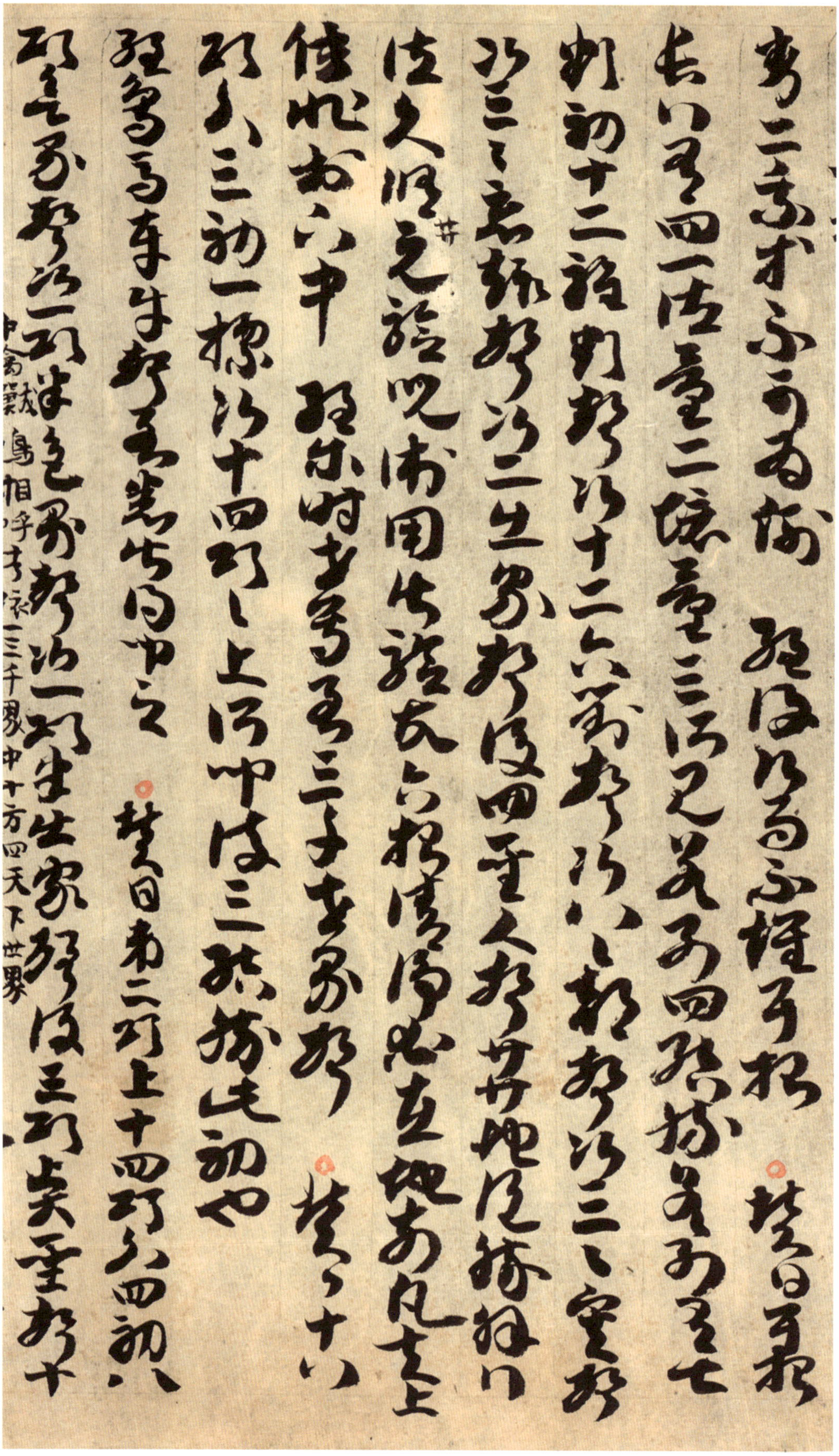

二三

劣二乘等，不可爲[一]例。經「復次」〔至〕[二]「而不壞[三]耳根」。賛曰：耳根[四]。長行有四：一德量，二境量，三所見[五]差別，四結勝。差別有七類：初十二雜類[六]聲，次十二六對聲，次八八部聲，次三三灾[七]聲，次三三[八]惡趣聲，次二出家聲，後四聖人聲。《菩薩地》説「勝解行位久脩菩薩[九]，无驗呪術用皆驗」，故六根清浄必在地前凡夫上位，非於下中。經「尔時世尊」至「三千世界聲」。賛曰：十八頌，分三：初一摽，次十四頌頌[一〇]上所聞[一一]，後三結勝。此初也。經「爲[一二]馬車牛聲」至「悉皆得聞之」。賛曰：第二頌上。十四頌，分四：初八頌欲界聲，次一頌半色界聲，次一頌半出家聲，後三頌賢聖聲。「十

校注

【一】「爲」，《大正藏》作「一」。【二】「至」，據前後文例補。「至」上，《大正藏》有「常精進」。【三】「壞」，魏碑、唐楷及唐人寫卷每作「壊」。【四】「根」，《大正藏》無。【五】「見」，《大正藏》作「聞」。【六】「類」，《大正藏》作「起」。【七】「灾」，《大正藏》作「災」，字同。【八】「三」，《大正藏》無。【九】「菩薩」，唐本小字補。【一〇】「頌」，《大正藏》無。【一一】「所聞」，《大正藏》無。【一二】「爲」，《干禄字書》：「象」「爲」，上通下正。《大正藏》作「象」，字同。

三

方四天下〔二〕世界中禽獸鳴相呼」者，依一三千界中十方四天下世界〔三〕，非數大

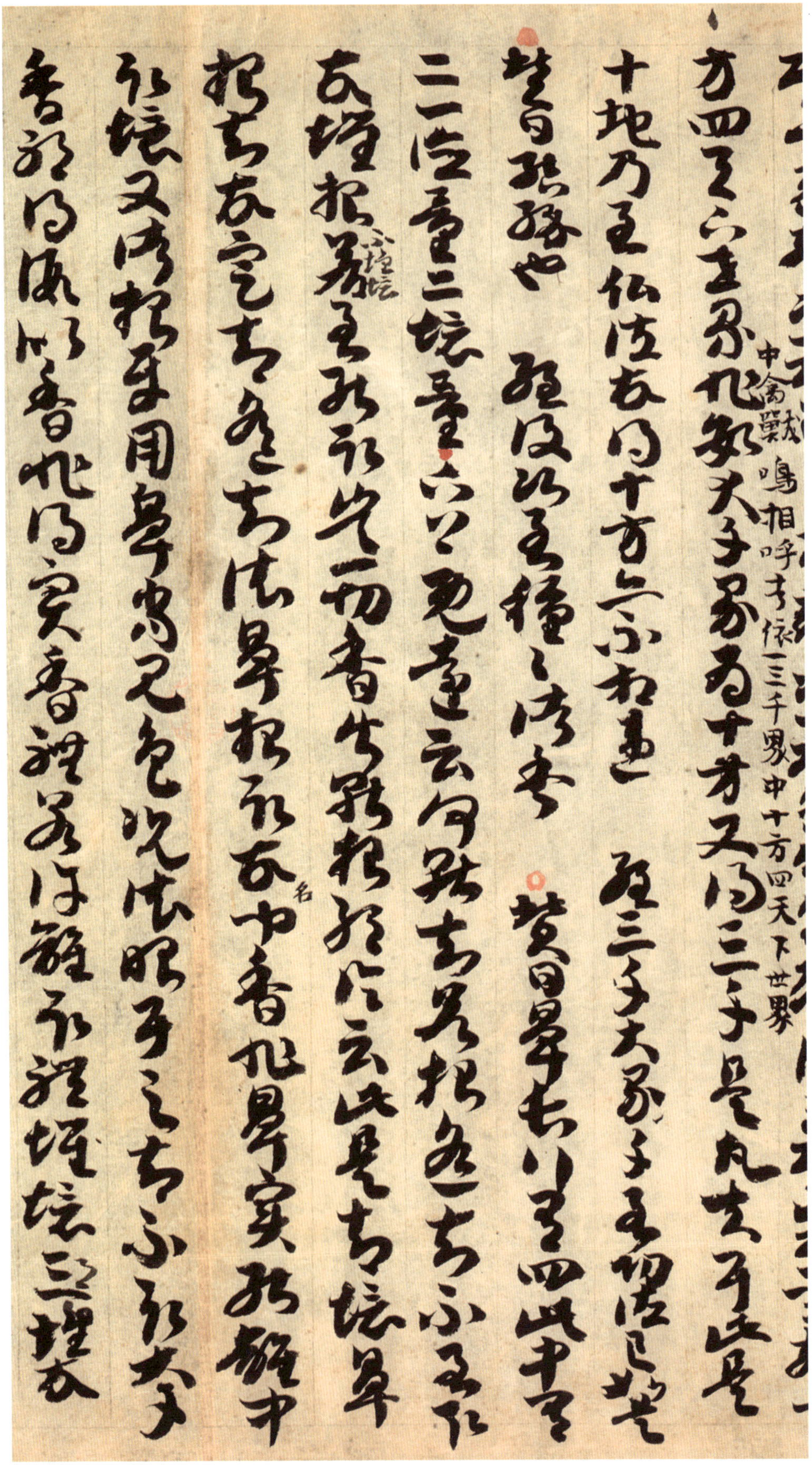

千界爲十方。又得三千是凡夫耳，此是
二二 十地乃至仏位，故得十方亦不相違。經「三千大千界[三]」至「功德已如是」。
二三 賛曰：結勝也。經「復[四]次[五]」至「種種諸香」。賛曰：鼻。長行有四，此中
有
二四 二：一德量，二境量。下上[六]既遠，云何能知？若根遥知，不至取
二五 故。壊根不壊境[七]，若至能取，豈一切香皆就根耶？論云：「此是智境鼻
二六 根知故。定智遥知，依鼻根取，故名[八]聞香，非鼻實能離中
二七 取境。又諸根乐用，鼻尚見色，况依眼耳之智不取大千
二八 香耶？得假似香非得實香[九]體，若[一〇]許離取體壊境[一一]性[一二]故。」

校注

【一】「四天下」，《大正藏》無。【二】「中禽」至「世界」，唐本小字補。【三】「千界」，唐本作「界千」，中有倒乙符。【四】「復」，釋從《大正藏》。此卷草書「後」「復」每混，以下據文義釋出。【五】「次」下，《大正藏》有「常精進」。【六】「下上」，《大正藏》作「上下」。【七】「不壊境」，唐本小字補。【八】「名」，唐本小字補。【九】「香」，《大正藏》無。【一〇】「若」，《大正藏》無。【一一】「境」下，唐本有「三」，已删。【十二】「性」，釋從《大正藏》，唐本形似「壊」。

經聞若能別香至憶念不謬
贊曰此中有二第三有
第兩能聞障中此香亦是具有二初凡後聖凡中復二初之
別後色別之別後二初非情後有情之有二二境物二生有之
有二初境物後之身色分云何有香總通樂香非暈子香
世尊所經云菩薩鼻根中之色分宮殿之香此據依報
力所寶彼擾人似形定力所寶故不相違就瑜伽云勝定
果色為亦唯定所變色等非以沒香等生因報故又是用故
依託色分為宅本質變定宅境為所是之香味依色分而立
於人以為生因報之因體名為菩薩二業之主人為親文
是佛弟子名外悉是以為能成雜緣除去勝定果色於一切色

經「須㬊[一]那花香」至「憶念不謬」。贊曰：此中有二：第三差別；第四結成，「雖聞此香」下是。差別有二：初凡，後聖。凡中復二：初欲界，後色界。欲界復二：初非天，後天。非天有二：一境物，二生身。天亦有二：初境物，後天身。色界云何有香？此通果香，非業果香[二]也。《花嚴經》云「菩薩鼻根聞无色界宮殿之香」，此據依形通力所變[三]，彼據似形定力所變[四]，故不相違。然[五]《瑜伽》云：「勝定[六]果色當知唯有顯色等相，以彼香等生因闕故，又无用故[七]，依託色界爲定本質，變定境者即无香、味，依欲界[八]有。又加行心劣生因闕无，因强則有。菩薩有，二乘无。聖人有，凡夫无。仏弟子有，外道[九]无，以劣弱故。」然[一〇]《瑜伽》云「勝定果色於一切色

校注

【一】「㬊」，《大正藏》作「曼」，字同。【二】「香」，《大正藏》無。【三】「變」，唐本原作「實」，校改作「變」。【四】「變」，唐本原作「實」，校改作「變」。【五】「然」，唐本原作「就」，校改作「然」。【六】此行以楷書寫出，三處出錯，想與草書抄寫者不是一人。【七】「故」下，《大正藏》有「者」。【八】「界」，《大正藏》作「境」。【九】「道」下，《大正藏》有「等」。【一〇】「然」，唐本原作「就」，校改作「然」。

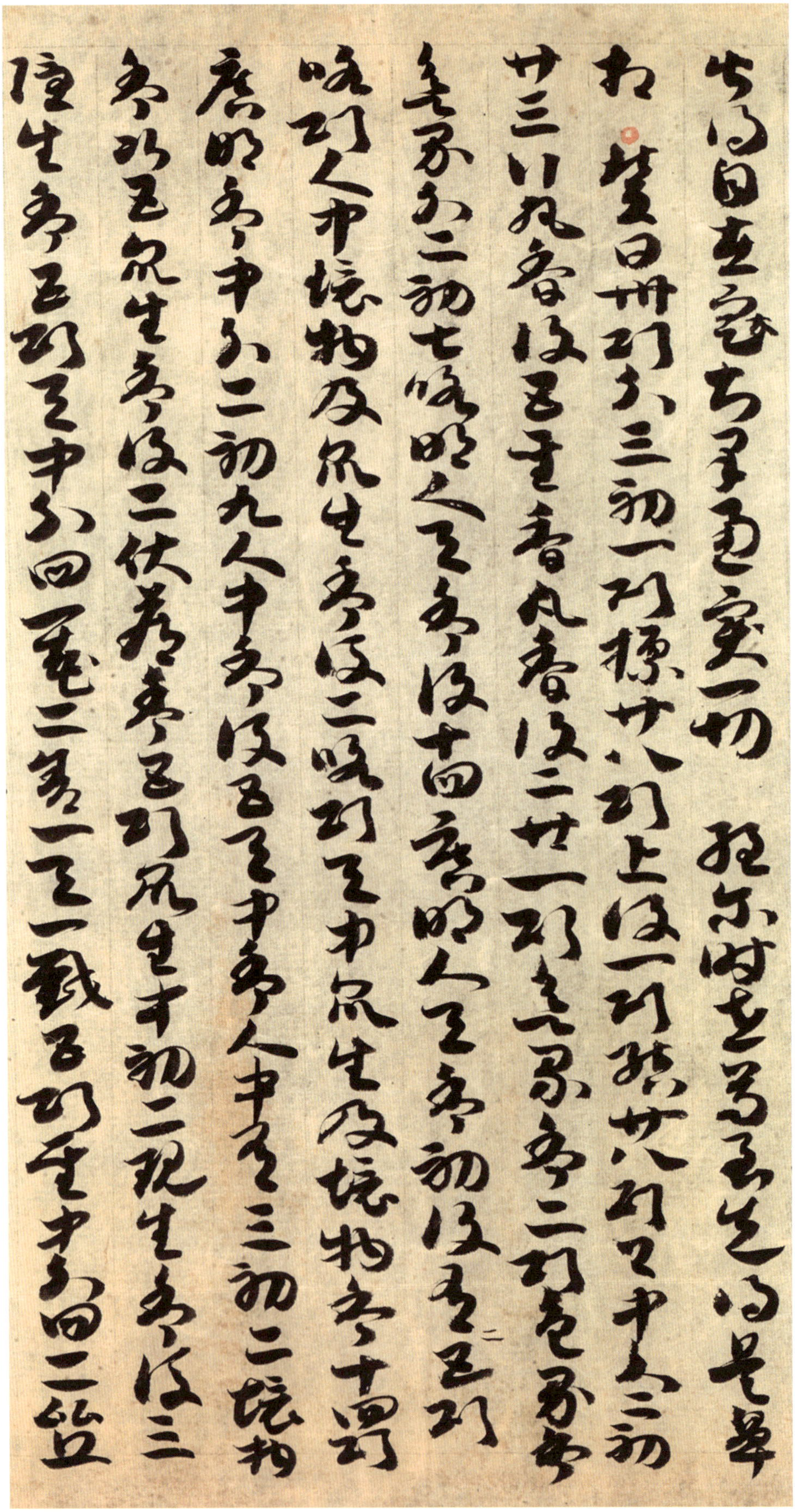

二三九 皆得自在」，故[一]知〔定〕[二]果通變[三]一切。經「尔時世尊」至「先得是鼻

一四〇 相」。贊[四]曰：卅[五]頌，分三：初一頌標，廿[六]八頌上，後一頌結。廿八頌
上中分二：初
一四一 廿三行[七]凡香，後五聖香。凡香復二：廿一頌欲界香，二頌色界香。
一四二 欲界分二：初七略明人天香，後十四[八]廣明人天香。初復有二[九]：五頌
一四三 略頌人中境物及衆生香，後二略頌天中衆生及境物香。十四頌
一四四 廣明香中分二：初九人中香，後五天中香。人中有三：初二境物
一四五 香，次五衆生香，後二伏藏香。五頌衆生中，初二現生香，後三
一四六 隱生香。五頌天中分四：一花，二舍[一〇]，一天，一戲。五頌聖中分四：二比
丘，

校注

【一】「故」，唐本原作「定」，校改作「故」。【二】「定」，據上文及《大正藏》補。【三】「變」，唐本作「實」，點刪。依《大正藏》作「變」。
【四】「賛」，《大正藏》作「頌」。【五】「卅」，《大正藏》作「三十」。【六】「卄」，同「廿」，《大正藏》作「二十」。【七】「行」，《大正藏》無。
【八】「四」下，《大正藏》有「頌」。【九】「二」，唐本小字補。【一〇】「舍」，《大正藏》作「宮」。

一菩一佛一衆生　疏復次有六義者　贊曰舌根以下二一法
量二根用三舌所用殊勝二也此意境意何故不同鼻根勝
者三千舌無不能者云何功德具千二百答舌根殊勝以嘗三
千界味但以功德說舌所用殊無大千界不能嘗味亦能變
為可意味能變意為殊意不能為三千界味　疏中二說佛
果鼻舌亞已利明乎　疏是人舌根清淨妙淨者　贊曰寔
可用不及一切說法二多衆生說三得何卷四句退天子已歡喜說法
多衆生說至三一說有二就有三四衆來說　疏爾時世尊至時

一四七 一菩薩，一仏，一衆生。經「復次」至[一]「不美者」。賛曰：舌。長行有三[二]：一德

一四八 量，二根用，三舌具用。此初二也。此无境量，何故不同鼻根能

一四九 知三千？舌[三]既不能知，云何功德成千二百？舌根應亦得常[四]三

一五〇 千界味，但以頌文説舌具用聲遍大千，故不説嘗味。香離質

一五一 而可有，味離質而便无，故不説得三千界味。經中亦説仏

一五二 有鼻、舌通過於眼、耳。經「若以舌根」至「深妙法音」。賛曰：下舌

一五三 具用。分五：一巧説法，二多衆來聽，三得供養，四近賢聖，五擁護[五]説法。

一五四 多衆來聽有三：一天等[六]，二龍等，三四衆來聽。經「尔時世尊」至「時[七]

校注

【一】「至」，《大正藏》上有「常精進」，下有「無」。【二】「三」，唐本作「二」，據《大正藏》改。【三】「舌」，《大正藏》無。【四】「常」，《大正藏》作「嘗」。【五】「護」，原作「談」，據《大正藏》改。【六】「等」，《大正藏》無。【七】「時」，《大正藏》無。

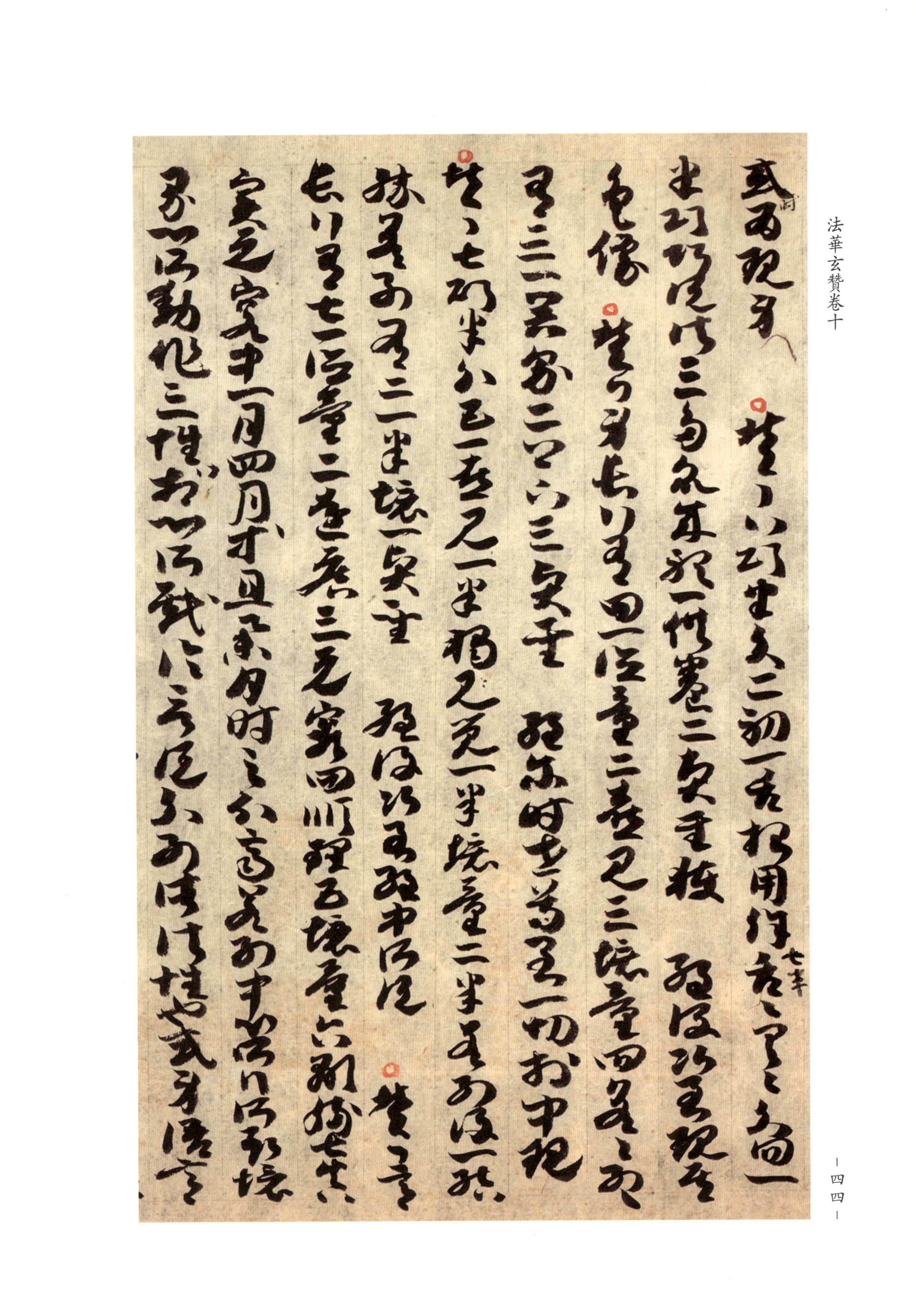

[illegible]

一五五 或時[一]爲現身」。贊曰：八頌半，分二：初一舌根用，餘七半[二]舌具[三]。舌
具[四]分四：一
一五六 半頌[五]巧説法，三多[六]衆來聽，一供養，二賢聖獲[七]。經「復次」[八]至「現其
一五七 色像」。贊曰：身。長行有四：一德量，二喜見，三境量，四差別。差別
一五八 有三：一器界，二上下，三賢聖。經「尒時世尊」至「一切於中現」。
一五九 贊曰：七頌半，分五：一喜見，一半獨覺[九]，一半境量，二半差別，後一結
一六〇 勝。差別有二：一半境，一賢聖。經「復次」[一〇]至「經中所説」。贊曰：意。
一六一 長行有七：一德量，二遠廣，三无窮，四順理，五境量，六顯勝，七真
一六二 實。无窮中一月四月等，且私月時之分齊。差別中心[一一]所行所取境
一六三 界，心所動作三性行[一二]相，心所戲論言説分別諸法性也。或身語意

校注

【一】「時」，唐本小字補。【二】「七半」，唐本小字補，《大正藏》無。【三】「具」下，《大正藏》有「用」。【四】「具」下，《大正藏》有「用」。【五】「頌」，《大正藏》無。【六】「多」，《大正藏》無。【七】「獲」，《大正藏》作「護」。【八】「次」下，《大正藏》有「常精進」。【九】「覺」，《大正藏》無。「覺」上，唐本有「見」，點刪。【一〇】「次」下，《大正藏》有「常精進」。【一一】「心」下，《大正藏》有「之」。【一二】「行」，唐本小字補。

一六四

如次配之。經「尔時世尊」至「一時皆悉[二]知」。贊曰：十一頌，分五，此

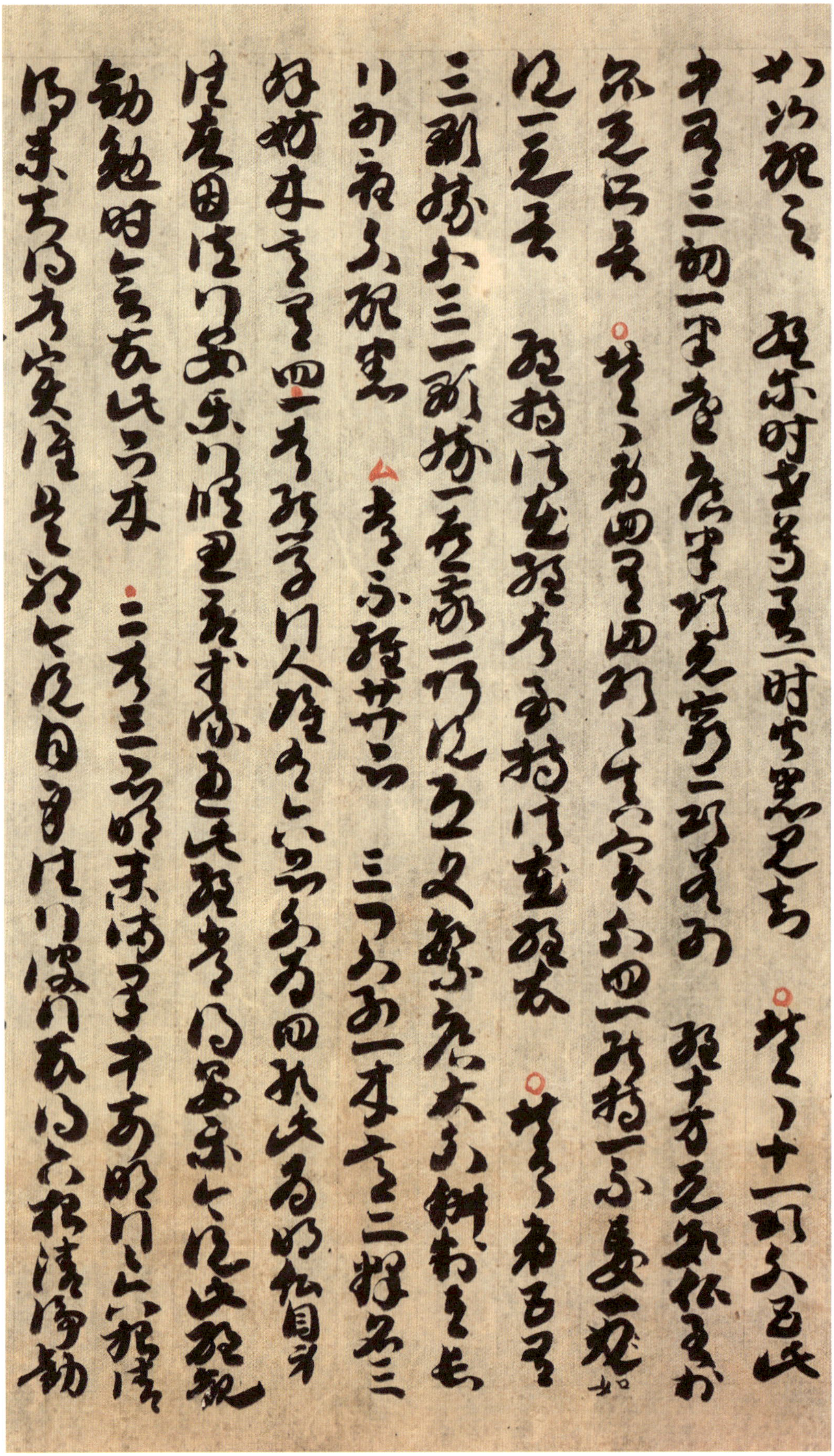

中有三：初一[二]半遠廣，半頌无窮，二頌差別。經「十方无數仏」至「於衆无所畏」。賛曰：弟四有四頌頌真實。分四：一能持，一不妄[三]，一如[四]説，一无畏。經「持法花經者」至「持法花經故」。賛曰：弟五有三〔頌〕[五]顯勝。分三：一顯勝，一喜敬，一巧説。恐文繁廣，大分科判与長行別，應分[六]配悉。《常不輕菩薩品》。三門分別：一來意，二釋名，三解妨。來意有四。一者，能學行人雖有六品，分爲四段，此爲〔第四〕[七]，明仏自身往居[八]因位行安樂行、脩忍辱等，流通此經，常[九]得安樂；今説此經，觀[一〇]勸勉[一一]時會，故此品來。二者，三品明未滿果中，前明行行六根清淨，未知得者實誰是耶？今説自身往行彼行故[一二]得六根清淨，勸

校注

【一】「悉」下，唐本衍「見」，據經本及《大正藏》删。【二】「一」下，《大正藏》有「頌」。【三】「妄」，《大正藏》作「忘」。【四】「如」上，唐本有字似「九」似「如」，訛，點删。【五】「頌」，唐本無，據《大正藏》補。【六】「分」，《大正藏》作「各」。【七】「第四」，唐本無，據《大正藏》補。【八】「居」，唐本作「苦」，據《大正藏》改。【九】「常」，《大正藏》作「當」。【一〇】「觀」，《大正藏》無。【一一】「勉」，《大正藏》作「勵」。【一二】「故」，《大正藏》無。

勉時亦有此之文　三者之下別門安樂行義勢力之以爲示
經行安樂行品世尊時猶宣説初唯受持者是由受持無量內仏
若涅槃自行爲示化仏亦説此經以何時説故此之文
四者作説此經現中此明了因廿七品説故亦此之文　經曰者者
文據發示經者世尊亦發觀地因果皆作因性物依何大乘得化仏
三乘經時亦世尊亦何故爲果乘示經　經曰者作故此品稱菩薩與
勢分之明現之義神勢之所明行者難得化仏意説者之三勢重勤答
若故説生死示生得人同此爲上明義者生仏何故生得示勢乃女
若仏因請説化正明文　經爾時仏告上首諸菩薩　世尊上行等眾
四初明神力所説生死福以示於人勇二分劫以説得現之如來神力之九

一七四 勉[一]時會，故此品來。三者，欲顯行安樂行威勢无比，我爲不

一七五 輕行安樂行，衆生于時[二]損害[三]我，初雖受苦還由我力並得仏

一七六 道，況親[四]自行而不作仏？今[五]説此緣以利時衆[六]，故此品來。

一七七 四者，論説六種記中，此明具因菩薩与記，故此品來。釋名者，「常」

一七八 者恒義，「不輕者」恭敬義。觀他四衆具仏因性[七]，勸他脩行必得作仏，

一七九 三業恒時虔恭敬仰，故名常不輕。解妨者，何故此品獨告得大

一八〇 勢？欲明經之威神，能令順脩行者疾得作仏，違經惡人亦能速拔其

一八一 苦，故唯告彼不告餘人。問：此品亦明威音王仏，何故唯以常[八]不輕爲名？

一八二 答：仏因彼説，非正明故。經「尔時仏告」至「意根[九]清淨」。贊曰：品文分

一八三 四：初牒前違順所生罪福以示衆人，第二别顯於説[一〇]持經之人違順人相，

校注

【一】「勉」，《大正藏》作「勵」。【二】「時」下，《大正藏》有「行」。【三】「害」，唐本「宀」下作「吉」，或全字作「宔」，乃「害」之俗字。【四】「親」，唐本形似「視」，釋從《大正藏》。【五】「今」，唐本原作「念」或「會」，小字校改作「今」。【六】「衆」，《大正藏》作「會」。【七】「因性」，《大正藏》作「性因」。【八】「常」，《大正藏》無。【九】「意根」，《大正藏》作「身意」。【一〇】「説」下，《大正藏》有「經」。

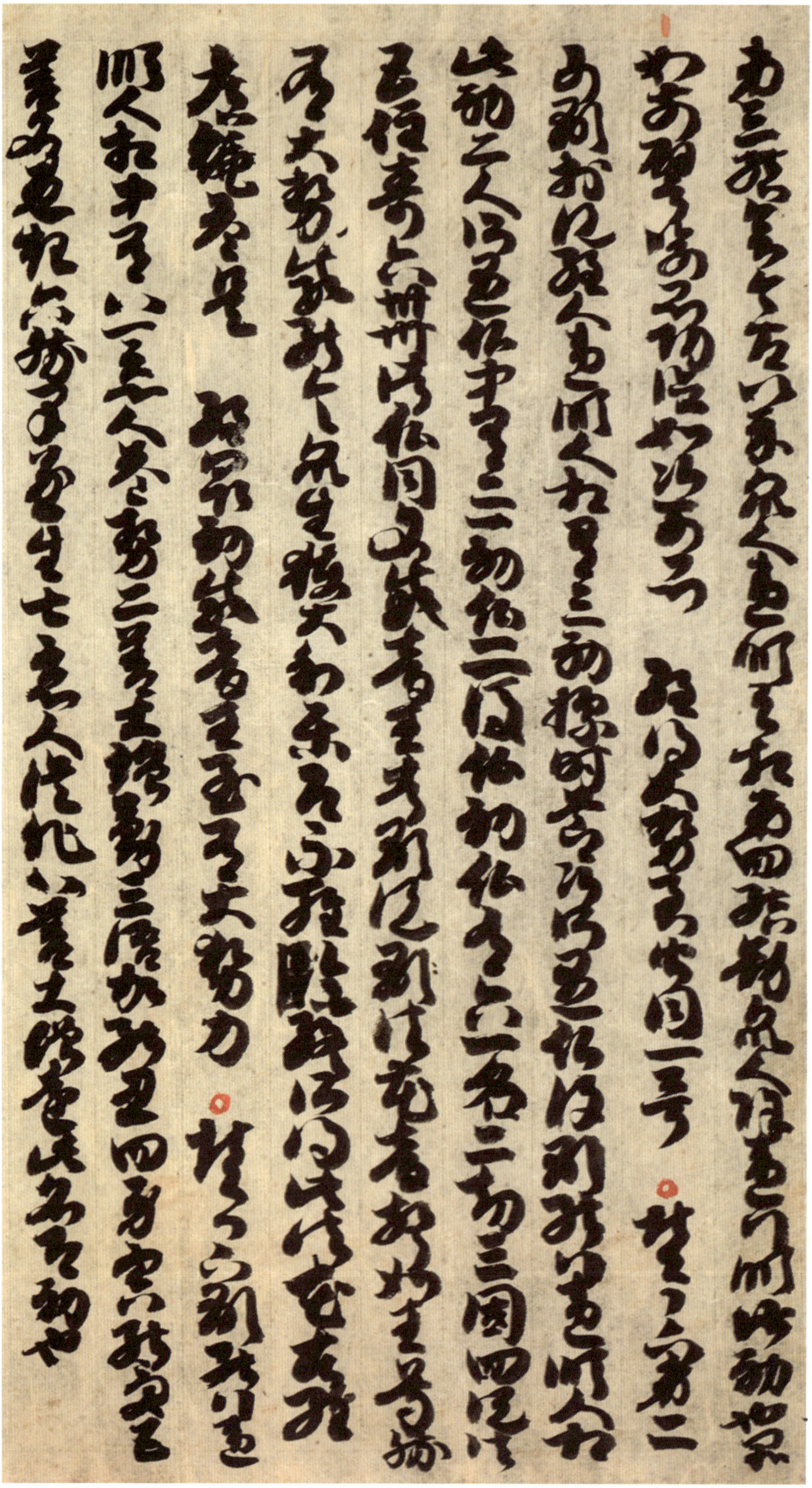

一八四

弟三結會今古以示衆人違順之相，弟四結勸衆人除違行順。此初也。罪

一八五 如前《譬喻品》，功德如次前品。經「得大勢」至「皆同一号[一]」。賛曰：下
第二
一八六 別顯於說經人違順人相。有三：初摽時節，次所遇仏，後顯能行違順人相。
一八七 此初二也[二]。所遇仏中有二：一初仏，二後仏。初仏有六：一名，二刧，三
國，四說法，
一八八 五住壽[三]，六涅槃。「諸仏同名威音王」者，顯說[四]《法花》音聲如王尊勝，
一八九 有大威勢[五]，能令衆生獲大利樂，即[六]不輕臨終所得。此《法花古[七]經》
一九〇 廣饒益是。經「㝡初威音王」[八]至「有大勢力」。賛曰：下顯能行違
一九一 順人相。中有八：一惡人益勢，二善士增勤，三語加能忍，四身害能受，五
一九二 善名既起，六勝果遂生，七惡人從化，八善士增道[九]。此[一〇]即初也。

校注

【一】「号」，《大正藏》作「號」，字同。【二】「也」，唐本作「人」，據《大正藏》改。【三】「住壽」，《大正藏》作「壽住」。【四】「說」下，唐本有「顯」，點刪。【五】「威勢」，唐本作「勢威」，中有倒乙符。【六】「即」下，《大正藏》有「常」。【七】「古」，《大正藏》無。【八】「王」下，《大正藏》有「如來」。【九】「道」，唐本作「遠」，據二一五行及《大正藏》改。【一〇】「此」下，唐本有「名」，據《大正藏》刪。

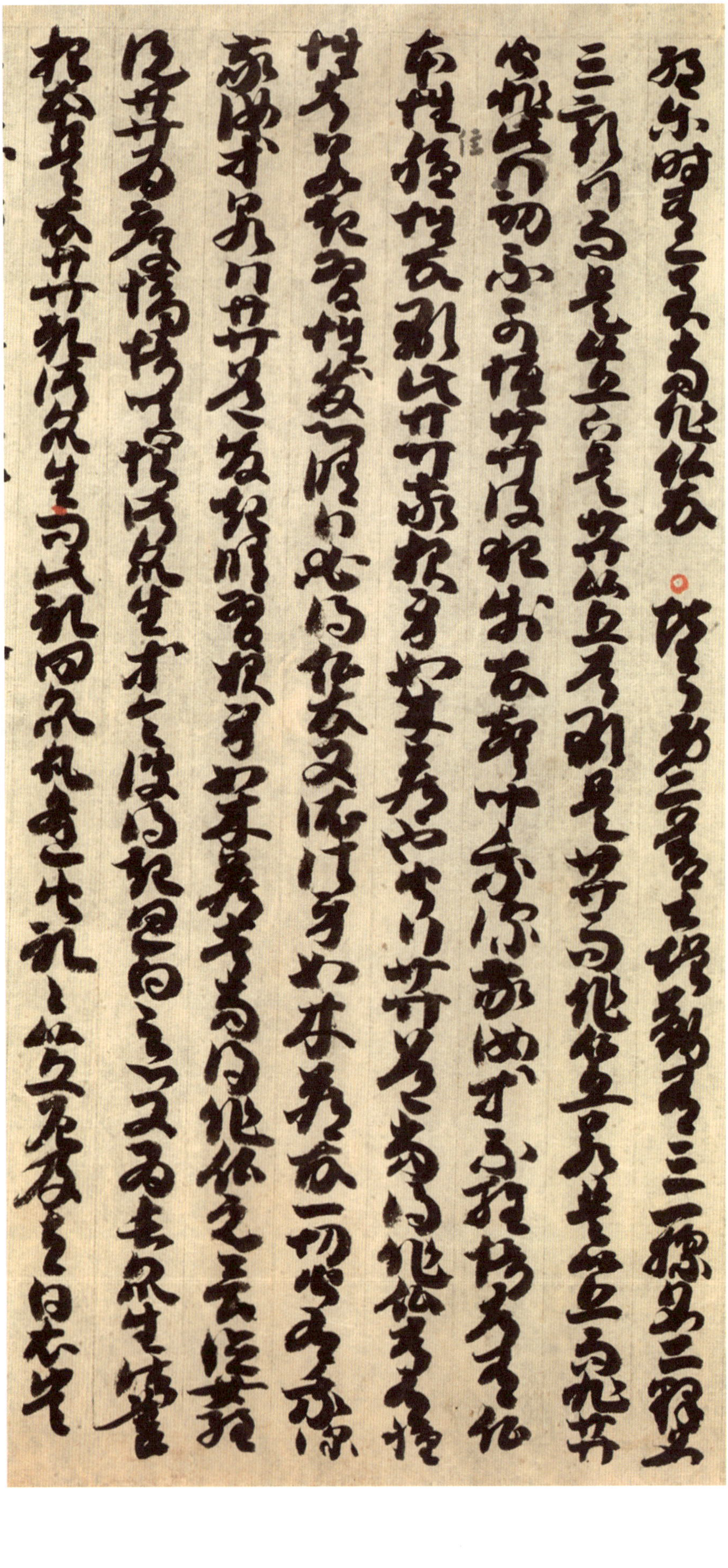

一九三 經「尔時有一」至「當作仏故」。贊曰：弟二善士增勤。有三：一摽名；二釋名；

一九四 三彰行，「而是比丘下」是。「菩薩比丘」者，顯是菩薩而非〔二〕比丘；若是比

丘而非菩薩，

一九五 皆非此行，初不可恠菩薩[二]，後犯戒故。聲聞[三]「我深敬汝等不輕慢[四]」者，

有仏

一九六 夲性，住[五]種性[六]故，顯[七]此菩薩[八]敬報身如來藏也。「皆行菩薩道當得作

仏」者，有種

一九七 性[九]者若起習性，發心脩行必得仏故。又依法身如來藏故，一切皆有我深

一九八 敬汝等[一〇]。若行菩薩道，發起脩習報身如來藏者，當得作仏。《无畏德女經》

一九九 說：「菩薩爲度憍慢嗔[一一]惱[一二]諸衆生等，令彼得起迴向之心，又爲長衆生諸善

二〇〇 根本，是故菩薩礼[一三]諸衆生。」問：此初[一四]四衆凡逢皆礼，礼比丘尼及与白

衣，豈

校注

【一】「非」，唐本形似「作」。【二】「菩薩」，《大正藏》無。【三】「聲聞」，《大正藏》無。【四】「慢」，《大正藏》作「慢」，字同。【五】「住」，唐本小字補。【六】「性」，《大正藏》作「姓」。【七】「顯」，《大正藏》無。【八】「菩薩」，《大正藏》無。【九】「性」，《大正藏》作「姓」。【一〇】「等」，《大正藏》無。【一一】「嗔」，《大正藏》作「瞋」。【一二】「惱」，《大正藏》作「惱」，字同。草書連寫，「巛」每作「一」，又「忄」偶作「火」。【一三】「礼」，《大正藏》作「禮」，字同。【一四】「初」，唐本作「礼」，據《大正藏》改。

不輕者謂菩薩比丘不能見之輕見之不言輕之能之輕以不於菩薩前性
所以持者是不見輕我今大衆唯比丘菩薩能者輕之及不輕不輕衆
又輕四衆為不(輕)猶輕也為深敬又示佛性能輕身也忍更不為讀誦之不專
輕輕二乘果故輕之云比丘輕如言說元來事為說於義之子於數好
云云比丘亦不讀誦但為輕輕是深敬云云不讀誦經但為同字古
不專讀誦之一不但行輕輕禮比是中云之　經而是比丘不專讀誦經典
經之第三段於此四衆經凡是深明之言云經
經之第四身生六數更第三喜名惡言誹謗　經是之四立
而是之後經
經之第六持六虛空中生之二十千萬億偈二六根清淨

二〇一 不犯戒[一]耶？答：菩薩比丘不作是礼，是[二]即有犯。今作是礼，所以不犯，菩
薩於性
二〇二 罪必持、遮罪有犯，勸利大故。若但比丘非菩薩[三]者，礼即有犯、不礼无犯。
二〇三 又礼四衆而不犯[四]，獨礼一而便虧。又敬仏性非礼身也[五]，既不専讀誦，亦不
専
二〇四 礼拜，二事兼故。新學比丘礼維摩足，未有知故，非舊學故。然有解
二〇五 言，其此比丘不行讀誦，但爲礼拜。若尔，應言不讀誦經，何用専[六]字？故知
二〇六 不専讀誦，亦不但行礼拜[七]，是此[八]中意。經「四衆之中」至「汝當作仏」。
二〇七 賛曰：弟三語加能忍。初語[九]加，後能忍。經「説是語時」至「爲常不輕」。
二〇八 賛曰：弟四身害能受，弟五善名既起。此上正是卌[一〇]心位。經「是比丘」
二〇九 至「是法花經」。賛曰：弟六勝果遂生。有三：一聞法能持，二六根清淨，

校注

【一】「戒」，《大正藏》無。【二】「是」，《大正藏》作「禮」。【三】「菩薩」下，唐本有「非」，點刪。【四】「犯」，唐本小字補。【五】「也」，《大正藏》作「故」。【六】「用専」，唐本作「専用」，中有倒乙符。【七】「拜」下，唐本有「釋」，點刪。【八】「是此」，唐本作「此是」，中有倒乙符。【九】「初語」，唐本作「語初」，中有倒乙符。【一〇】「卌」，《大正藏》作「四十」。

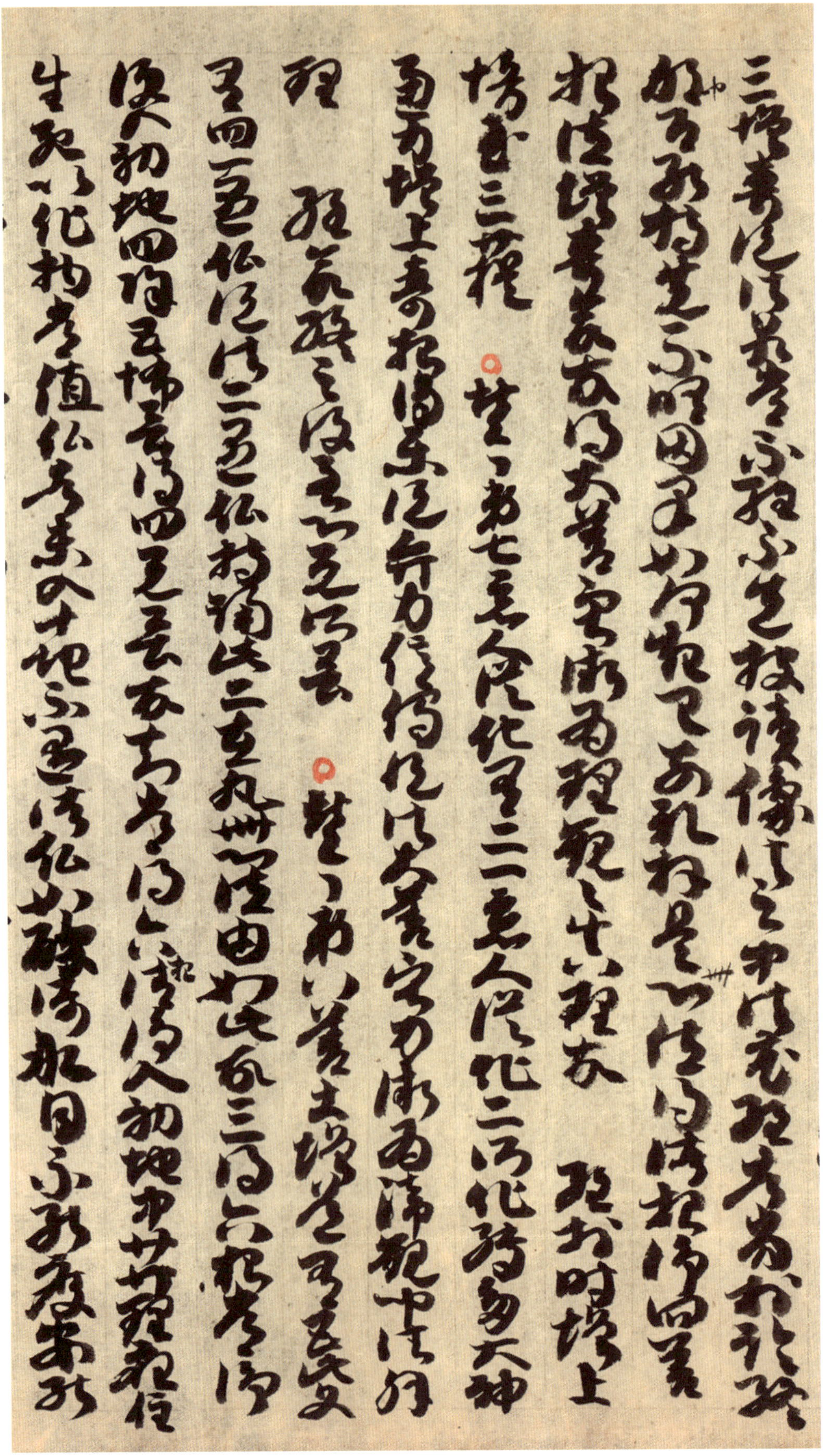

二〇 三增壽說法。若常不輕不先披讀像法之中《法花經》者，當[一]於臨終

二一 聞[二]即能持？先不脩因，果如何起。已前礼拜是卌[三]心位，得諸[四]根淨四善
二二 根位。增壽命故，得大善寂，漸爲理觀觀真理故。經「於時增上
二三 慢」至[五]「三菩提」。贊曰：弟七惡人從化。有二：一惡人從化，二所化轉
多。大神
二四 通力增上[六]壽根淨，樂説弁力億[七]偈説法，大善寂力漸爲諦觀聞法解
二五 理。經「命終之後」至「心无所畏」。贊曰：弟八善士增道。有五，此文
二六 有四。一遇仏説法，二遇仏持誦，此二在凡卌心位。由如此故，三得六根常
淨，
二七 便入初地；四除五怖畏，得四无畏。故知常得六根[八]清淨，入初地中。菩薩理
應住
二八 生死以化物，常值仏者未入十地，不遇諸仏如破漏船，自不能度，安能

校注

【一】「當」，《大正藏》作「豈」。【二】「聞」，唐本原作「那」，校改作「聞」。【三】「卌」，唐本小字補，《大正藏》作「四十」。【四】「得諸」，《大正藏》作「聞法」。【五】「至」下，《大正藏》有「三藐」。【六】「上」，《大正藏》無。【七】「弁力億」，《大正藏》作「辨力憶」。「億」，通「臆」。【八】「根」，唐本小字補。

度人如〃方渴報罪水池動陸如清涼盡也獲於沼來顯不遍一佛者
初生二乘故得因此得遇一佛我一切報說十地中三是菩薩得勸喜故
何以佛者召此當難何謂不淨云意為義故云得菩薩是云大
衆生經云何以故是菩薩顯示而當不受其說何用拘是故菩薩
不淨善心不歸堂菩薩亦從善來起行善一切衆生行雅何行是故菩薩
是云為如云意顯示是是來亦而故是之義云又見是全經云記
已得生皆見法佛菩薩見之故之云經云名是云常何者何見之之云當
今次云而菩是故是之云上大衆養經云若是法八相是云等二一菩是
何言二佛〃之何〃云〃正才而之才是〃是菩是何云而為衆生
說法何云一切生中將來同佛法雅是故者〃於〃〃不安故從三云

度人。如以少湯投大氷池，初雖少消後還氷積，煩惱未離不遇仏者利生亦尒，故增自行必須遇仏。《花嚴經》説十地中言：「是菩薩得歡喜地，所有怖畏即皆遠離，所謂不活畏、惡名畏、死畏、墮惡道畏、大衆威[一]德畏。何以故？是菩薩離我相[二]尚不貪身，况[三]所用物，是故菩薩无不活畏。心不悕[四]望恭敬供養，我應供養一切衆生供給所須，是故菩薩无惡名畏。遠離我見无我相故，无有死畏。又作是念，我若死已，所生必見諸仏菩薩，是故无有墮惡道畏。我所志願无与等者，何况有勝，是故无有大衆威德畏[五]。」若依論釋，无畏有二：一菩薩无所畏，二仏无所畏。仏无所畏，正等覺等是。今是菩薩无所畏，一爲衆生説法〔無〕[六]所畏，一切皆聞[七]持故，得諸陁羅尼故，常憶念不妄[八]故。後三並

校注

【一】「威」，唐本作「咸」，據經本及《大正藏》改。【二】「相」下，《大正藏》有「故」。【三】「况」，《大正藏》作「況」。【四】「悕」，《大正藏》作「希」。【五】「畏」下，《大正藏》有「也」。【六】「無」，唐本缺，據《大正藏》補。【七】「皆聞」，《大正藏》作「聞能」。【八】「妄」，《大正藏》作「忘」。

名大衆中說法得是何去一言一切衆生喜見　贊曰因緣清淨於勝諸法
何故名為說法故二乘是十方尋其所說之亦不能知所以者
是智光也後然後三一切衆生語言二乃得菩薩能使所動
擬故難者至歸者得法四色示之於初境後入以地方類佛國　贊曰大得
勢至當得化佛　○經若有菩薩得悉清淨得清淨見得見佛法
是說與　贊曰得大勢至義菩提　○經若有第二三大千國土六
左以下衆人色明之起人二初云不能後云四衆次初云二初云方
後云作　贊曰大勢至云不色動者是　○經若此云四衆至三初
然初以三以下二云中生得化下者長衆色合是後云之長衆為
生現在中得信之得云得度衆生而為而說何衆生故也四衆

名[一]大衆中説法无所畏：一、知一切衆生欲、解、因緣，諸根利、鈍，隨其所應而爲説法故；二、不見十方有來問難，令我不能如法答者，不見如是少許相故；三、一切衆生聽受問難，隨意如法善能決斷一切疑故。離前五怖畏，得此四无畏入於初地，後入八地方離怖因。經「得大[二]勢」至「當得作仏」。贊曰：弟五緣脩道滿入諸地後，更得見仏説是經典。經「得大勢」至「三菩提[三]」。贊曰：下弟三大段結會今古以示衆人違順之相。分二：初會不輕，後會四衆。此初。有二：初會身，後會法。經「得大勢」至「不退轉者是」。贊曰：此會四衆。有三：初會初行惡行果；二會中途從化果，「畢是罪」已[四]下是；後會今古[五]衆。問：善現聲聞猶住无諍[六]之行，將護衆生而爲利益，何故菩薩强[七]記四衆，

校注

【一】「名」下，《大正藏》有「在」。【二】「得大」，唐本作「大得」，中有倒乙符。《大正藏》作「得大」。【三】「三菩提」，《大正藏》作「三藐三菩提」。「三」下唐本有「藏」，點删。【四】「已」，《大正藏》無。【五】「今古」，《大正藏》作「古今」。【六】「諍」，草書與「浄」無别。釋依《大正藏》作「諍」。【七】「强」，唐本原作似「引」，於原字上改作「强」。

今說亦顯妙音菩薩現三十四身以無礙隨宜示教化衆生
非無障樂如實之說方便教令引導見而去為說無礙障
宣揚為饒益是故菩薩悲巧方便異類隨緣而說不安隱障
言普門者以方便力為說法門於法悲示故也若不說
觀初說者法無邊非菩提令色者如是其實觀勝色者無見
故云勝法之業之義二如揃直隨行生死色如大權隨行生莊
是故因時是悉之悟時言為度之七因真為是悉之法真為
度之以化妙女造而法度二乘不能者經之說觀隨說不能
覺云隨他說者菩薩自覺之說生如彼接法說能者云意之深立
於此生禮之說者初說他說隨意之緣說是也以大乘不同二

令他打罵招斯罪報？答：《菩薩地》言「菩薩常以安隱之[一]樂教化衆生，非安隱樂如實知之，隨力方便教令斷除。若初苦而後安，彼雖憂惱要當[二]饒益，是則[三]菩薩依巧方便。若初雖樂而後不安，彼雖憂苦不欲去之，以方便力要爲斷除。何以故？後必樂故。」今者不輕觀初雖苦，後還化導令入道故。如大良醫觀病重者，要先發其病，後与藥令差。亦如捕魚師巧出衆[四]魚，如大獵師巧出熊羆。知因嗔而[五]有益，令彼嗔而[六]度之。知因貪而[七]有益，令彼貪而度之。如化婬[八]女恣而後度。二乘不能，故住无諍；現雖除諍，不能究竟除他諍故。菩薩自證无諍真如，能[九]拔彼諍根，畢竟還令彼亦證此真理无諍故。初雖起諍，後還令威[一〇]諍，是行大无諍。不同二

校注

【一】「之」，《菩薩地持經》卷一及《大正藏》無。【二】「當」，唐本作「尚」，據《菩薩地持經》卷一及《大正藏》改。【三】「則」，唐本作「即」，據《菩薩地持經》卷一及《大正藏》改。【四】「衆」，《大正藏》釋「泉」。【五】「而」，唐本小字補，《大正藏》無。【六】「而」，《大正藏》無。【七】「而」，《大正藏》無。【八】「婬」，唐本原作「嫉」，校改作「婬」。《大正藏》作「淫」，字同。【九】「能」，《大正藏》無。【一〇】「威」，《大正藏》作「滅」，字同。

示現小乏語故乏妙也　贊曰大勢至者觀見故　經

此品大文長行勸毀人得罪此明有二初標大段勸持品也　經

時當為度難令得記也　經頌有十九行頌三段大分三初十行半頌

人毀罪明之報次三行半頌持經人得福明之報後八行頌持經福

人得福明得報初有二初一行半頌毀罪報後八行半頌毀人罪

已初三行人毀報勸業出惱勸說法為勤更為說不輕事

為生説一行人隨化說中業生除惑不行業為觀報今後主

是故今當勤說為勤勉更說法

經五行頌不輕亦古分二初半頌行頌三行半頌分

經乘十行所說如是

二四九 乘現小无諍，故无妨也。經「得大勢」至「書冩[一]是經」。贊曰：
二五〇 弟四大段結勸衆人除違行順。有二：初經利大，後勸流通。經「尔
二五一 時世尊」至「疾[二]成仏道」。贊曰：十九頌半頌[三]後三段。分三：初十頌於説
經
二五二 人違順之相，次三頌半結會今古以示衆人違順之相，後六頌結勸衆
二五三 人除違順行[四]。此初。有二：初一半所遇仏，後八[五]半行違順者。行違順者中
分
二五四 五：初三惡人益勢善士增勤，次一語加能忍身害能受，次二勝果
二五五 遂生，次一惡人從化，後一半善士增道。不頌善名既起。罪畢已者，
二五六 惡罵、加害轉重令輕，先業罪故。經「彼時[六]不輕」至「聽法者是」。
二五七 贊曰：結會今古。分二：初半會身，後三會衆。經「我於前世」至「疾

校注

【一】「冩」，《大正藏》作「寫」，字同。【二】「疾」，唐本作「廣」，據經本及《大正藏》改。【三】「半頌」，唐本小字補。【四】「順行」，《大正藏》作「行順」。【五】「八」下，《大正藏》有「頌」。【六】「彼時」，唐本作「時彼」，據經本及《大正藏》乙正。

持經者　若又能勸發人隨喜也以顯其固初二為化法人一是能持者
一此能持經二勸勿生輕　如來神力品　三門分別一來意二釋
名三解妨來意有三一前三品也中說在以前付囑為示後付囑也亦如
付囑菩薩衆以故神力囑累付囑也以得之六品更為流通也付囑
又二化神通也以說付囑二事廣於以付囑也此品初付囑於他方
不共持故化神通也顯是菩薩等又神通大不多現生
諸菩薩等生持故方以付故此品來　二者法華經中上來四品是
廣大此十九品為正宗說自此以下是流通也今神力囑累勸持付授
流通之品為家流通也勸受持者因衆二所攝也　三者他云明時力是也
前二說力是三種法門神力所中未現所依也又前是此神力故說

成仏道」。贊曰：結勸衆人除違行順。有四：初二前化諸人，一是經難聞，一此經希説，後二勸勿生疑。《如來神力品》。三門分別：一來意，二釋名，三解妨。來意有三：一者三流通中此下八品付受流通，示相付囑稟命行故。《神力》《囑累》付囑令行，餘之六品受命流通。付囑分二：一作神通令信付囑，二手摩頂令行付囑。今此即初。付囑於他恐不生信，故作神通放光等示，令知世尊有大神通，久不妄語、出言諦實，令生信解方以言付，故此品來。二者依弟二[一]科中上來初一品是序分，次十九品爲正宗説，自下八品是流通分。《神力》《囑累》勸信付授，後之六品稟命流通。勢与前同，下更不述。三者論云，脩行力有七，弟二説力有三種法門。《神力品》中示現，顯仏世尊有此神力，故能説

校注

【一】「二」，唐本小字補。

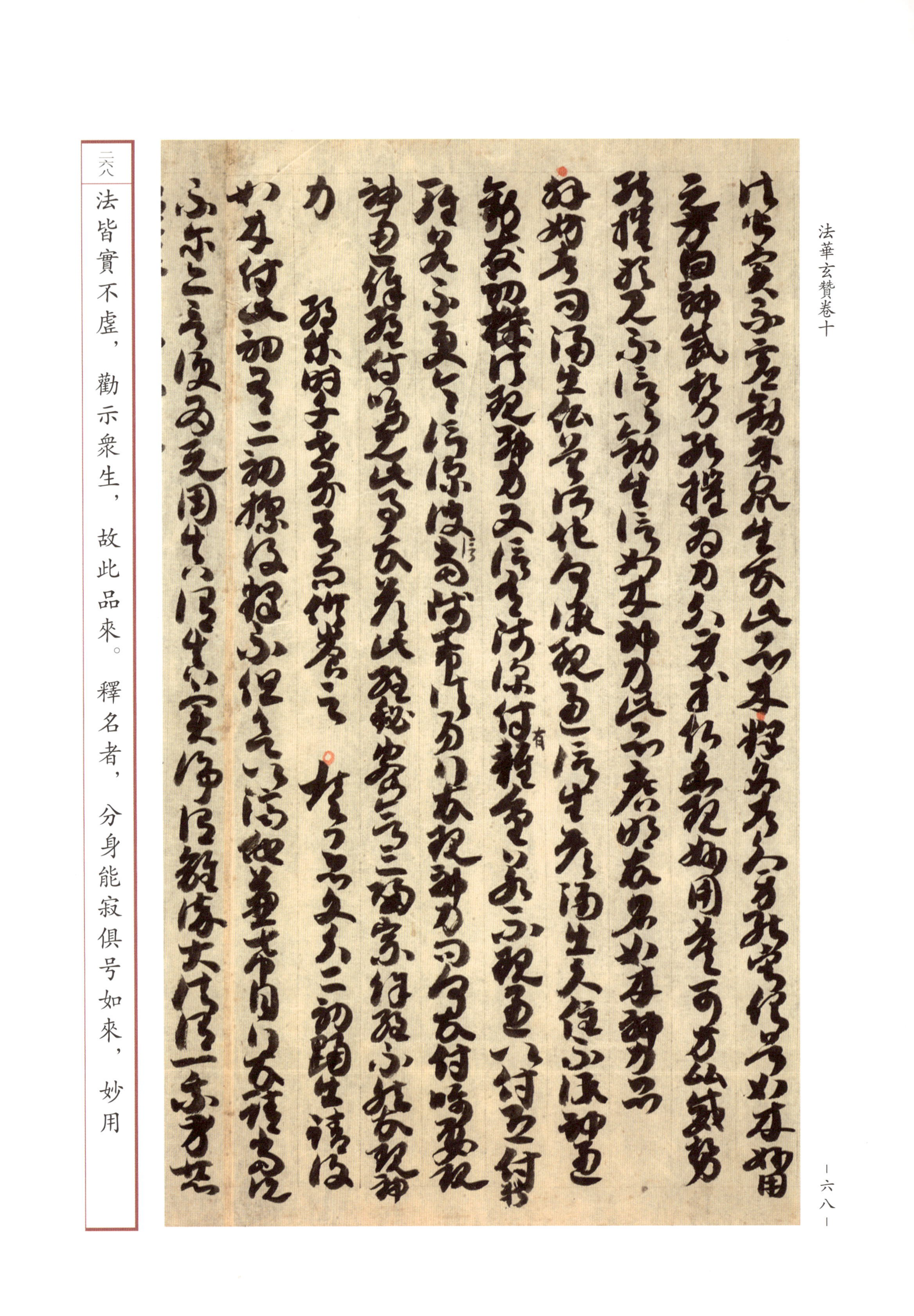

二六八

法皆實不虛，勸示衆生，故此品來。釋名者，分身能寂俱号如來，妙用

二六九　无方曰神，威勢能摧爲力。分身等仏各現妙用，莫可方比，威勢
二七〇　能摧邪見不信以勸生信。如來神力此品廣明，故[一]名如來神力品。
二七一　解妨者，問：《涌[二]出》仏曾所化，何假現通信生？答：《涌出》久住[三]不假
神通，
二七二　勸發初機須現神力。又信有淺深，付有[四]輕重，若不現通以付，恐付猶
二七三　輕；若不更令信深，彼信[五]當[六]淺。希法易行，故現神力。問：何故[七]付囑[八]
要現
二七四　神通[九]，餘經付囑无此事故？答：此經秘[一〇]密會三[一一]歸宗，餘經不然，故現神
二七五　力。經「尒時千世界」至「而供養之」。贊曰：品文分二：初踊[一二]出請，後
二七六　如來付。此初。有二：初摽，後釋。不但欲以濟他，兼希自行，故請當説。
二七七　不尒，亦言便爲无用。真，謂真實，淨，謂離染，大法，謂一乘。身恭、

校注

【一】「故」，《大正藏》無。【二】「涌」，《大正藏》作「湧」，字同。【三】「住」，《大正藏》作「信」。【四】「有」，唐本小字補。【五】「信」，唐本小字補。【六】「當」，《大正藏》作「尚」。【七】「故」下，《大正藏》有「此經」。【八】「囑」，《大正藏》作「屬」，古通。【九】「通」，《大正藏》作「力」。【一〇】「秘」，《大正藏》作「祕」，字同。【一一】「三」，《大正藏》作「二」。【一二】「踊」，《大正藏》作「湧」，古通。

二七八

語演、述心三請。經「尔時世尊」至「現〔大〕〔二〕神力」。賛曰：下文有二：

初長行，後偈頌。長行中復二：初現神力，後言付囑。初文有七：一摽現神力，二出舌放光，三謦咳[二]彈指，四地皆振動，五彼見歸依，六合盖[三]成帳，七世界通一。此初也。略爲三義故現神力：一爲顯經勝德以勸流通，此下長行「仏告上行等菩薩」是。二爲悅衆生令生信故，初一行頌是。三見信[四]菩薩發願流通，順諸仏心故現神力，弟四頌是。經「出廣長舌」至「放无量光」。賛曰：下弟二段出舌放光。有三：一釋迦出舌放光，二分身出舌[五]光，三明時節。此初二也。古德相傳有七神力：一出舌，二放光，三謦咳[六]，四彈指，五地動，六合盖，七變土。今加爲八，謂示現，即今[七]他方遥見於此。六通之中初

校注

【一】「大」，唐本無，據經本及《大正藏》補。【二】「謦咳」，《大正藏》作「磬欬」，字同。【三】「盖」，《大正藏》作「蓋」，字同。【四】「信」，《大正藏》作「諸」。【五】「舌」下，《大正藏》有「放」。【六】「謦咳」，可證二八〇行之「謦咳」。【七】「今」，《大正藏》作「令」。

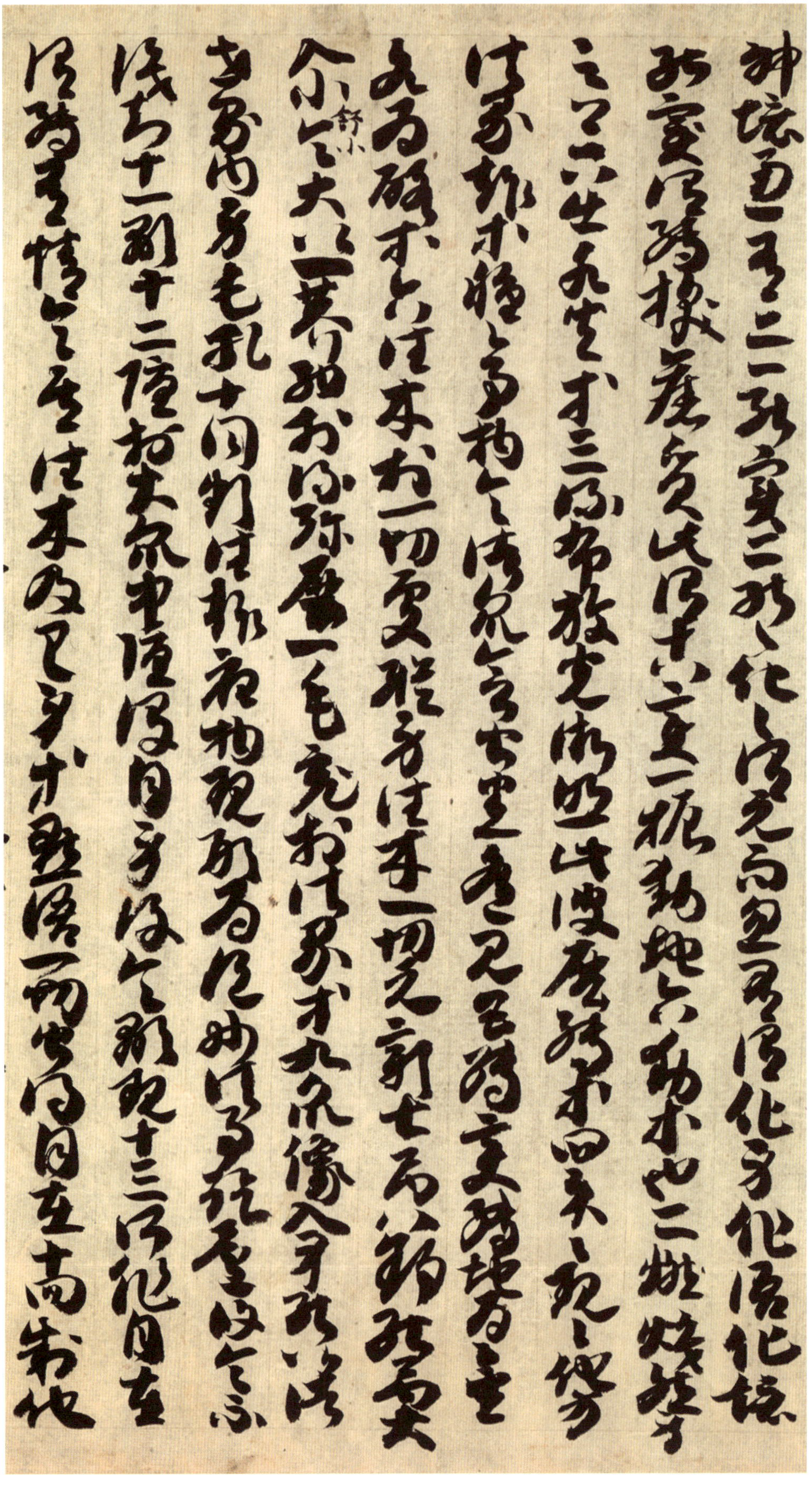

二六七

神境通，有二：一能變[一]，二能化。能化謂无而忽有，謂化身、化語、化境。

二八八 能變[二]謂轉換舊質，此謂十八變：一振[三]動，地六動等也；二燃熾然[四]，身
二八九 之上下出水火等；三流布，放光漸照此彼展轉等；四示現，示現他方
二九〇 法[五]界趣等種種事物，令諸衆會皆悉遥見；五轉變，轉地爲金、
二九一 水爲酪等；六往來，於一切處縦[六]身往來一切无彰[七]；七弓[八]，八舒，能弓大
二九二 入小，舒小[九]令大，以一芥納於須[一〇]弥，展一毛充於法界等；九衆像入身，能
以諸
二九三 世界内身毛孔[一一]；十同類往趣，應物現形爲説妙法，事訖還復[一二]令不
二九四 識知；十一顯，十二隱，於大衆中隱没自身後[一三]令顯現；十三所作自在，
二九五 謂轉有情令其往來，及己身等默語，一切皆得自在；十四制他

校注

【一】「變」，唐本作「實」，據《瑜伽師地論》卷三十七、《大方廣佛華嚴經隨疏演義鈔》卷八十五、《大正藏》改。【二】「變」，唐本字形似「實」，旁加點，與一三九行相似。《大正藏》作「變」，從之。【三】「振」，《大正藏》作「震」。【四】「燃熾然」，《大正藏》作「熾燃」。【五】「法」，《大正藏》作「諸」。【六】「縦」，《大正藏》作「縱」，字同。【七】「彰」，《大正藏》作「障」，古通。【八】「弓」，《大正藏》作「卷」，字同。【九】「舒小」，唐本小字補。【一〇】「須」，唐本作「流」，據《大正藏》改。【一一】「孔」下，《大正藏》有「等」。【一二】「復」，《大正藏》作「没」。【一三】「後」，《大正藏》作「復」。

神通之偈經有廿二頌分二前九頌半頌前狀之後十三頌頌前
手誦七四行十六頌頌持經者持經生信頌頌佛持十七頌頌果為
佛法者救脫令佛世尊度衆生故以淨妙示等發大光明照無量
刹照之量國作於第二示現已以神力第一出生舌第八彈指第二發光之色
第十八發大光明第二謦欬第三彈指皆發起之聲遍至十方之文義
彈指及第四彈指是之第十三行地動及第五動是之地第一振動第
六七之俱方見此是之第四普見第七空中唱聲是之第七為第八通為一土
是第九歸命南無第十遙散諸物為淨大佛土者皆修生名者作云云修生
故經依何法如佛入涅槃後名亦仍依生淨土名之一切人觀佛真
能觀計化現為由之法無所疑生亦依佛生者亦以時依

神通，謂仏、菩薩、二乘聖凡，漸次皆能制伏下位所現神通；十五能施弁才，施七四弁；十六能施憶念，於法失念能施念憶[一]；十七能施安樂，爲說法等拔除危怖、疾疫、灾患[二]，得諸安樂；十八放大光明，能放一光顯[三]照无量國作大利樂事。此八神力，弟一出舌是[四]弟八舒，弟二放光是弟十八放大光明，弟三謦咳，此即能化，无而忽有故非十八[五]變。或此及弟四彈指是弟十三所作自在，弟五動地[六]是弟一振[七]動，弟六令他方見此是弟四示現，弟七合盖是弟七弓，弟八通爲一土是弟五轉變，轉多爲一轉穢爲浄故。今仏出舌者，論云「令憶念故」，信仏所說。如仏入婆羅城乞食不得，後出城已逢[八]一女人施仏臰[九]飯粠[一〇]汁。仏記當果。時有婆羅門深生不信，仏出舌示，彼方信仏

校注

【一】「念憶」，《大正藏》作「憶念」。【二】「患」，唐本草書與傳統草書稍異，釋從《大正藏》。【三】「顯」，《大正藏》作「頓」。【四】「是」，唐本小字補。【五】「八」下，唐本有「二文」，點删。【六】「地」，唐本小字補。「動地」，《大正藏》作「地動」。【七】「振」，《大正藏》作「震」。【八】「逢」，唐本少右竪，則形似「遥」，釋從《大正藏》。【九】「臰」，《大正藏》作「臭」，字同。【一〇】「粠」，《漢語大字典》無此字。疑是「淀」之俗寫。

行說不虛凡舌至髮際爲不妄語覆面於說義如發虛言者

定者皆謂舌長者言定語長舌者不妄語故定知舌者覆面者發

發梵語者下也現者表此說無也一念真實則無虛妄之妄

光者即百億世界二十方者覆一切世界由自寶樹下佛現神通變

現五但化佛等現　經曰樹下子座上諸佛者

菩薩者寶樹下佛也時者情好滿百千歲據實一千佳　經曰現神力時

不覆又現化之相發爭現之之言又佛現神力實爲千歲

依之神力之衆生不覺故說不近時爲化但說世前八十八載又佳

凡久何十踊同發現時者之稱隨其之二不相聞　經曰一時謦欬

至地皆六種振動　贊曰第三一十來謦欬彈指兩音來動地化

所記不虛。凡舌至[一]鼻際，尚[二]不妄語，況覆面輪[三]。廣如經說。「至梵世」者，有語[四]表故，上无語故更不至上。放光者，驚[五]覺有緣破癡暗故。「一一毛孔」者，表此經慈悲，一乘平等顯皆備故。「无數光」者，具万德故。「遍十方」者，覆一切故。由多寶仏已證經訖，更不現通，但化仏示現。經「釋迦」至「還攝舌相」。贊曰：此明時節。愚者心迷謂是少[六]時，智者情解滿百千歲，轉換其心令彼不覺。又報化之利有殊，聖凡之見有別。又仏現神力實百千歲，仏之[七]神力令衆生不覺。能從小[八]延時爲論，但說世尊八十入滅。又聖凡衆所聞雖同，經時證[九]道獲悟全[一〇]別，亦不相違。經「一時謦咳」至「地皆六種振[一一]動」。贊曰：下[一二]弟三段謦咳彈指，弟四段動地[一三]。論

校注

【一】「至」，唐本小字補。【二】「尚」，唐本作「當」，據《大正藏》改。窺基《觀彌勒上生兜率天經贊》卷一：「若舌覆鼻尚不妄語，何況覆面，上至髮際。」【三】「輪」，唐本作「於聽」，據《大正藏》改。【四】「語」，唐本原字不清晰，小字補書。【五】「驚」，《大正藏》作「警」，古通。

【六】「少」，《大正藏》作「小」。【七】「之」，《大正藏》無。【八】「能從小」，《大正藏》作「然促不」。【九】「時證」，唐本作「證時」，中有倒乙符。

【一〇】「全」，唐本原字不清晰，側書「全」。【一一】「振」，《大正藏》作「震」。【一二】「下」，《大正藏》無。【一三】「地」下，《大正藏》有「也」。

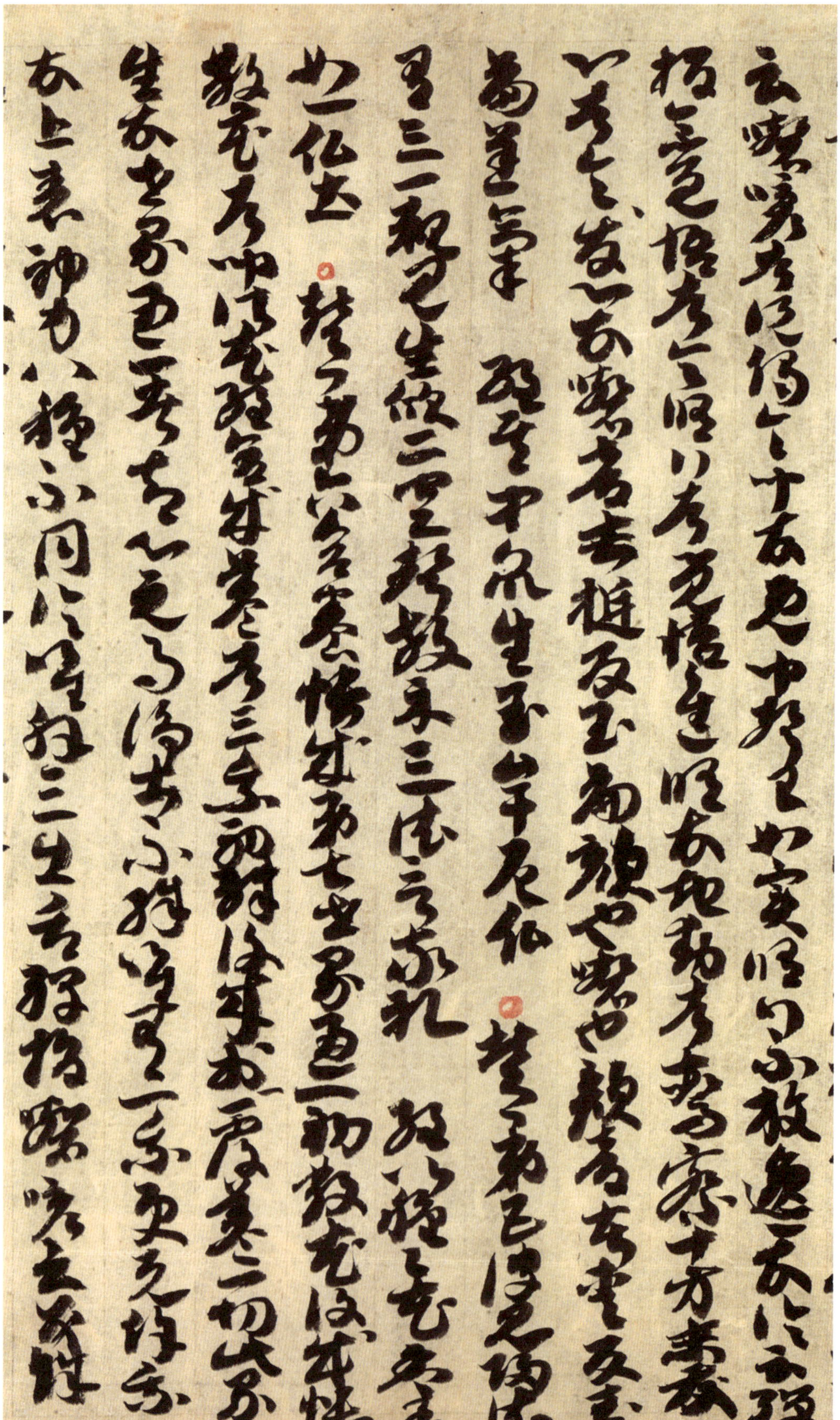

三六

云「謦咳者說偈令聞故」。既聞聲已，如實脩行，不放逸故。論云「彈

二七 指令覺悟」者，令脩行者覺悟進脩故。地動者，驚察[一]十方未發
二八 心者令發心故。謦，音去挺反，《玉篇》「欬[二]也謦[三]也」。欬，音苦愛反，《玉
二九 篇》「逆氣[四]」。經「其中衆生」至「牟尼仏」。賛曰：弟五彼見歸依。
三〇 有三：一覩見生欣，二空聲教示，三依言敬礼。經「以種種花香」至
三一 「如一仏土」。賛曰：弟六合蓋[五]帳成[六]，弟七世界通一。初散花，後[七]成帳。
三二 散花者，聞《法花經》。合成盖者，三乘初殊，後[八]成於一，覆盖一切此界
三三 生故。世界通一者，智心无㝵[九]，浄土不殊，唯有一乘更无餘乘[一〇]
三四 故。上表神力八種不同，論唯解三：出舌、彈[一一]指、謦咳之義，餘

校注

【一】「驚察」，《大正藏》作「警策」。【二】「欬」，《大正藏》作「咳」，字同。【三】「謦」，《大正藏》作「聲」。【四】「氣」下，《大正藏》有「也」。【五】「蓋」，唐本作「養」，據《大正藏》改。【六】「帳成」，《大正藏》作「成帳」。【七】「後」，唐本形似「復」，依《大正藏》釋「後」。【八】「後」，形似「復」，依《大正藏》釋「後」。【九】「㝵」，《大正藏》作「礙」，字同。【一〇】「乘」，《大正藏》無。【一一】「彈」，唐本「單」部小訛。

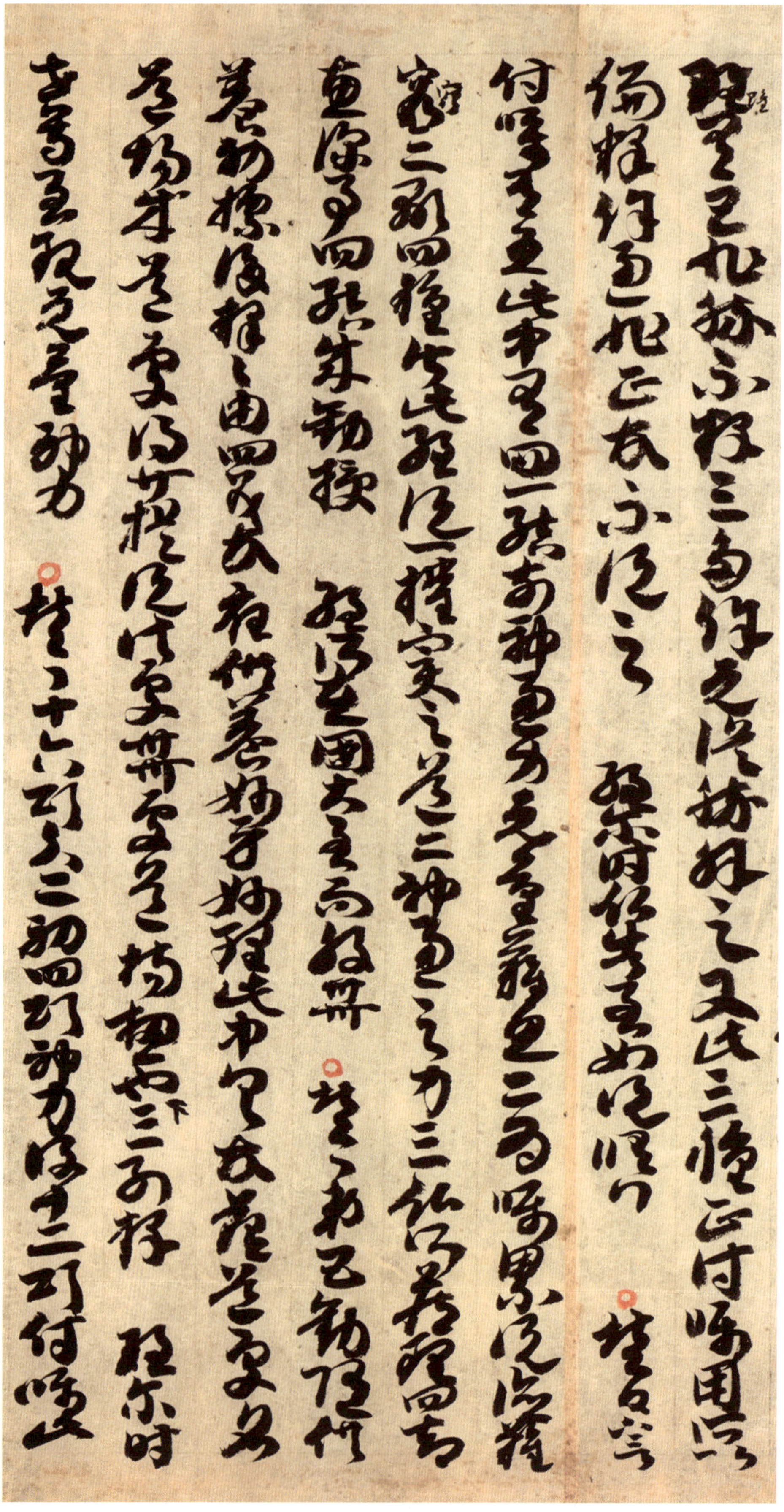

三五

經[一]有五，非勝不釋。三多餘[二]无，從勝解[三]之。又此三種正付屬用所以

三二六 偏釋，餘通非正故不説之。經「尔時仏告」至「如説脩行」。賛曰：下言
三二七 付囑。有五，此中有四：一結前神通[四]力无量難思；二爲囑累説德難
三二八 窮[五]；三顯四種皆此經説，一權實之道，二神通之力，三仏所藏理，四智
三二九 惠[六]深事；四結成勸授。經「所在國土」至「而般涅槃」。賛曰：弟五勸隨[七]
供
三三〇 養。初摽，後釋。釋由四義故應供養，妙[八]身妙理此中具故，藴[九]道處名
三三一 道場，成道處、得菩提[一〇]、説法處、涅槃處，道場揔也。下[一一]三別釋。經「尔
時
三三二 世尊」至「現无量神力」。賛曰：十六頌，分二：初四頌神力，後十二頌付
囑。此

校注

【一】「經」，唐本原作「既」，校改作「經」。【二】「餘」下，《大正藏》有「經」。【三】「解」，《大正藏》作「釋」。【四】「通」，《大正藏》無。
【五】「窮」，唐本原作「容」，校改作「窮」。【六】「惠」，《大正藏》作「慧」，古通。【七】「隨」下，《大正藏》有「喜」。【八】「妙」，《大正藏》作「法」。【九】「藴」，《大正藏》作「蘊」，古通。【一〇】「提」下，《大正藏》有「處」。【一一】「下」，唐本小字補。

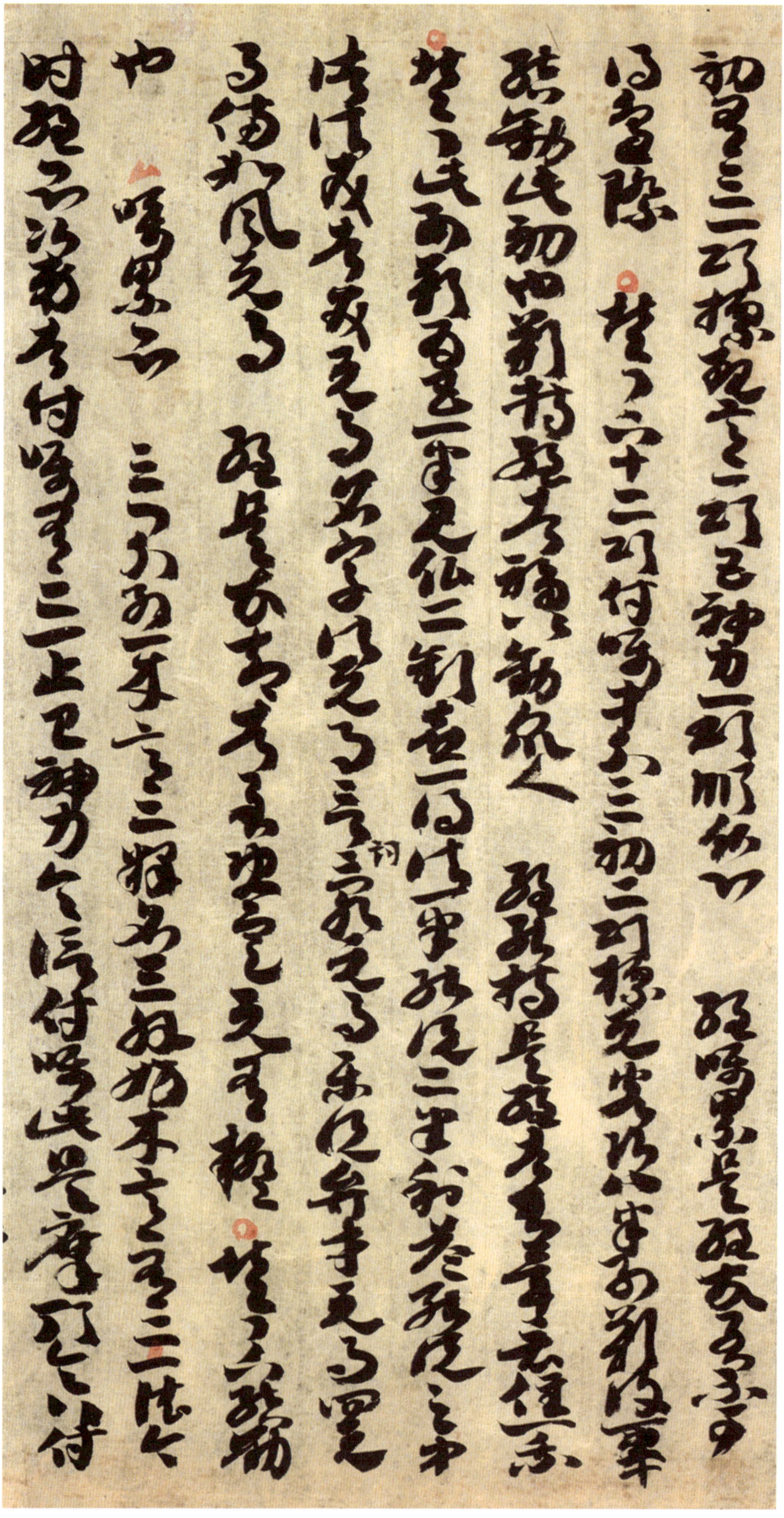

三三

初。有三：一頌標現意，一〔二〕頌五神力，一頌順仏心。經「囑累是經故」至

「不可

三四 得邊際」。賛曰：下十二頌付囑。中分三：初二頌摽[二]无窮[三]巧[四]，八半別歎，後一半

三五 結勸。此初也。歎持經者福以勸衆人。經「能持是經者」至「畢竟住一乘」。

三六 賛曰：此別歎。爲五：一半見仏，二歡[五]喜，一得法，一半能說，二半利[六]益。能說之中，

三七 諸法義者，義无㝵；名字，法无㝵；言詞[七]，辭[八]无㝵；樂說，弁才无㝵。四无

三八 㝵備[九]，如風无㝵。經「是故[一〇]智者」至「決定无有疑」。賛曰：下結勸

三九 也。《囑累品》。三門分別：一來意，二釋名，三解妨。來意有二。一依今

四〇 時經品次弟者，付囑有二：一[一一]上[一二]已神力令信付囑，此是摩頂令行付

校注

【一】「一」，《大正藏》作「二」。【二】「初二頌摽」，《大正藏》作「二標」。「摽」、「標」古通。【三】「窮」，唐本形似「客」，釋從《大正藏》。【四】「巧」，《大正藏》無。【五】「歡」，《大正藏》作「歎」。【六】「利」，《大正藏》作「能」。【七】「詞」，唐本小字補。【八】「辭」，唐本作「亂」，據《大方廣佛華嚴經》卷二十六、《大正藏》改。【九】「備」，《大正藏》作「滿」。【一〇】「故」下，《大正藏》有「有」。【一一】「一」，《大正藏》無。【一二】「上」，唐本作「止」，據《大正藏》改。

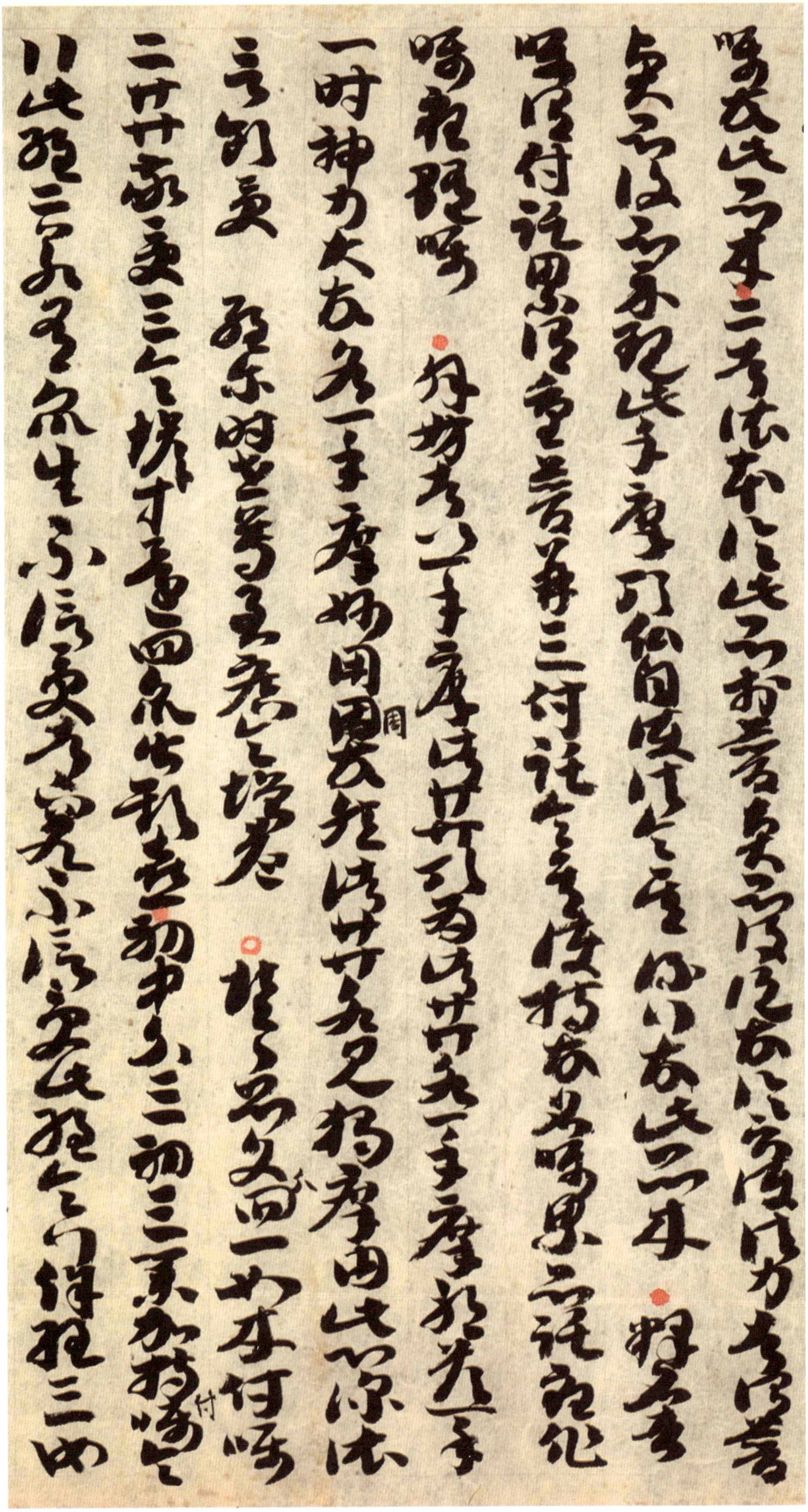

三一 囑，故此品來。二者依本論，此品於《普賢品》後說，故論云「護法力者，謂

《普賢品》後[一]品示現」。此手摩頂，仏自護法令其流行，故此品來。釋名者，囑，謂付託，累，謂重疊[二]，再[三]三付託令其護持，故名囑累品。託應作囑。應隨囑[四]。解妨者，以[五]一手摩諸菩薩頂，爲諸菩薩各一手摩耶？答：一手，一時，神力大故。各一手摩，妙用周[六]故。然諸菩薩各見獨摩，由此心深[七]依言領受。經「尔時世尊」[八]至「廣令增益」。贊曰：品文分[九]四：一如來付囑，二菩薩敬受，三令塔等還，四衆皆歡喜。初中分[一〇]三：初三業加持，付[一一]囑令行此經；二「若有衆生不信受者」下，若不信受此經，令行餘經；三「汝

校注

【一】「後」，唐本形似「復」，《大正藏》作「後」，上有「及」。【二】「疊」，唐本作「普」，據《大正藏》改。【三】「再」，唐本作「并」，據《大正藏》改。【四】「囑應隨囑」，《大正藏》作「囑付應作囑」。【五】「以」上，《大正藏》有「為」。【六】「周」，唐本小字補。【七】「心深」，《大正藏》作「深心」。【八】「世尊」，《大正藏》作「釋迦」。【九】「分」，唐本小字補。【一〇】「分」，《大正藏》作「有」。【一一】「付」，唐本小字補。

才以為我如是以難等勤宣之為報佛恩初文有三初以手摩頂付囑
從法座起現大神力以復[摩]頂付囑之文於善[普]之中有四釋以勸之流通
此初也初二示以手摩頂一示以言之累於此初也以手摩者示未來世誦
有說攝持云修難把總衆唯清淨總衆生二示佛唯大菩薩
用以之於大悲智力故用表　經如是三摩至言曰中有
是之二段手摩頂付囑之文於善之中有三摩者今之文段勸
清世三有傳總之清淨意付有　經以下有何以自能有量
是之六難以勸之流通之累於善之三一明之三示善能之典說
經有至二顯佛說為大能之勸修懷[勿]三義以能他之為佛有此初

三四九 等若能如是」下，結成勸意爲報仏恩。初文復[一]三：初以手摩頂付令
三五〇 流布，廣作饒益；次復摩[二]頂付令受持，普[三]令聞知；後釋所以，勸令演説。
三五一 此初也。初二段以身語加，後一段以[四]意業加。此初也[五]。以手[六]摩者，示大
吉祥
三五二 故。龍樹解云：「餘經非秘密，唯《法花》秘密説三[七]乘作仏，唯大菩薩能
三五三 用行之，如大良醫方能用毒。」經「如是三摩」至「普得聞知」。
三五四 賛曰：二[八]復手摩頂付令受持普令聞知。至三摩者，令受殷勤，
三五五 法皆三故，傳燈之法必重付故。經「所以者何」至「自然智恵」。
三五六 賛曰：下釋所以勸令演説。意業加持有三：一明己三不善根已盡，能
三五七 施智恵；二顯仏能爲大施主，勸隨勿[九]悋[一〇]；三教以施他[一一]，令得仏智[一二]。此
初

校注

【一】「復」，《大正藏》作「又」。【二】「摩」，唐本小字補。【三】「普」，係小字校改。【四】「以」，《大正藏》無。【五】「也」，《大正藏》無。
【六】「手」上，《大正藏》有「右」。【七】「三」，《大正藏》作「二」。【八】「二」，《大正藏》無。【九】「勿」，唐本小字補。【一〇】「悋」，
《大正藏》作「慳」。【一一】「他」，《大正藏》作「化」。【一二】「智」，《大正藏》作「慧」。

也慈也故是嗔之與樂拔苦是悲懷哀是悲何是憐愍是所畏哀是愛教

能使究竟安隱者是救安者謂攝也如來者一切者也此二種皆是之海

所同名能者表者二是為者從一是為者五自能所　　敬如來

是五句生攝受○攝之所以為大悲主殊勝從勿攝受實依從攝

攝受正攝一者住至攝二家攝三攝攝四攝攝受法攝住受

攝者於己住受攝受為乘稱住此之乘自在不用住此乘色

種一切未來法善如是不能之身三於己年法善如之嗔善不住三

乃至畢竟四義修攝物不乏生之道於得攝物生為行一切為思住

是人於彼是法中常不敢輕何況自身得是法住故於得報後至

也。慈悲故无嗔，与樂[一]拔苦，无怯[二]故无貪，何曾惜法？无所畏故无癡，作決定說故能与。仏故[三]智，種智也；如來智，一切智也。此二任運，无師[四]而得，名自[五]然智。或前二有爲智，後一无爲智，名自然得[六]。經「如來是」至「勿生慳怯」。賛曰：顯仏能爲大施主勸隨勿怯。《成實論》說慳怯[七]有五種：一者[八]住處慳，二家慳，三施慳，四稱讚慳，五法慳。住處怯[九]者，於己[一〇]住處生慳念言：我獨住此令我自在，不用餘人。此有五種：一於未來諸善比丘不欲令來，二於已來諸善比丘嗔恚不喜，三欲令早去，四藏僧施物不欲与之，五於僧施物生我所心計爲恩德。是人於彼〔共〕[一一]有法中尚不能捨，何況自身所有諸德[一二]？故於解脫終无有

校注

【一】「樂」下，《大正藏》有「故」。【二】「怯」，《大正藏》作「慳悋」。怯、悋、恪，同「吝」。【三】「故」，《大正藏》無。【四】「師」，唐本形似「陟」，釋從《大正藏》。【五】「自」，係朱筆小字補寫。【六】「得」，《大正藏》作「智」。【七】「怯」，《大正藏》無。【八】「者」，《大正藏》無。【九】「怯」，《大正藏》作「慳」。【一〇】「己」，《大正藏》作「已」。【一一】「共」，唐本無，據《大正藏》補。【一二】「德」，《大正藏》作「物」。

不毀壞者，於法無實不生懷想，云念於此界者，謂生人不同修人說
是修人亦以無我諸法二乘已一向無是不知有亦之固其意
二俊是於多是之同者三世自在實不勝留實四取受者
亦亦不同德已生死之家爲念中見乃法言受德壞者於理德聖
懷壞於亦亦於此相同德指修人不同說亦亦之句後意實此亦言
一者少時受生亦德者不同而福二亦之受者不同諸於回說此云者
人無也者之意根於而生地獄說之生人下者之受每人窮獄德懷者於
德獄修生懷壞也亦相修亦是修修人說修修人是受勝于此
之言已一千修修人也者意勸二段此云善人二百言畢地因者
彼者也名已於未某爲子生中之者何修壞者於已清中生懷壞

分。家悋[一]者，於往還家生慳想言：我於此界[二]常獨出入[三]，不用餘人；設有餘人，令我冣勝。此亦有五：一白衣有不吉事，与之同[四]憂，二彼有利事，与之同喜，三喜白衣家[五]有勝冨貴，四斷受者令不得施，五生其家爲廁中鬼及諸惡處。施悋[六]者，於他施物生慳悋想：令我於此獨得施物，餘人不得；設令与之，勿復過我。此亦有五：一常少[七]資生，二[八]令施者不得爲福，三令受者不得財利，四毀呰善人，五心常憂惱故當生地獄，設生[九]人天常受貧窮[一〇]。稱讚慳者，於他稱讚生慳悋心，令獨讚我莫讚餘人，設讚餘人莫使勝我。此亦有五：一聞讚餘人心常憂動，二毀呰[一一]善人，三自高卑他，四常被惡名，五於未[一二]來百千世中无有凈心。法慳者，於正法中生慳悋

校注

【一】「悋」，《大正藏》作「慳」。【二】「界」，《大正藏》作「家」。【三】「出入」，《大正藏》作「入出」。【四】「同」下，唐本有「在」，點刪。【五】「家」，《大正藏》無。【六】「悋」，《大正藏》作「慳」。【七】「少」，《大正藏》作「乏」。【八】「二」，唐本小字補。【九】「生」，唐本小字補。【一〇】「受貧窮」，《大正藏》作「處貧薄」。【一一】「毀呰」，《大正藏》作「呰毀」。【一二】「未」，唐本形似草書「東」，連筆所致。

攝之處稱為十二部經菩薩之德為導之德為勝攝論等亦具自爲
若欲為不說此者之故七一切生者皆二業還報三身現前生
不得是自因已生無猶已說佛說皆得菩薩人真經者見言不言道
因果如是經之道生老病死擾也老者將有二佛授有者而説生
是大經主故為菩薩衆　經我未曾見得佛真故　贊曰
教以護佛之得佛道　經是菩薩不生死來教和甚　贊曰如來不信
此經是得佛經道二乘作此如法如來不清道德終其大乘深法調
佚第得法其此法　經曲有其如佛之因　贊曰持經勸
言化之今之大化佛故説經正　經時諸菩薩得不生道
贊曰第二大段其品亦衆大為二段三是品部　經尔時宿王華

想：令我獨知十二部經，莫令[一]他知；設令他知，莫[二]使勝我。又自知義秘而不説。此過有七：一所生常盲，二常愚癡，三多怨中生不得自在[三]，四退失聖胎，五諸仏怨賊，六善人遠離，七无惡不造。由有如是種種過失故，勸物[四]慳也。世尊能行三種捨故，与一切衆[五]生是大施主，故應學我。經「於未來世」至「得仏恵故」。賛曰：教以施化[六]令得仏恵。經「若有衆生」至「示教利喜」。賛曰：若不信此經令行餘經。謂遇二乘化此妙法，如其不信，且説般若大乘深法調伏其心，後化此法。經「汝等若能」至「諸仏之恩」。賛曰：結成勸意。仏意欲令分[七]作仏，故設種種門。經「時諸菩薩」至「頋不有遍[八]」。賛曰：弟二大段菩薩敬受。分爲二段：三業、敬領[九]。經「尒時」至「還可

校注

【一】「令」，《大正藏》作「使」。【二】「莫」，唐本小字補。【三】「自在」，唐本作「在自」，中有倒乙符。【四】「物」，《大正藏》作「勿」。

【五】「衆」，《大正藏》無。【六】「化」，唐本原作「他」，校改作「化」。【七】「分」，《大正藏》作「人」。【八】「遍」，《大正藏》作「慮」。

【九】「領」，唐本原作「頋」，改作「頌」，又小字校作「領」。

如文　贊曰：第三大眾亡之攝末意，自此已後更無受者者，此
亦三有無歎勸。　經說是語時者此大歡喜。　贊曰：第四大歡
喜中有法，嘱付囑了，宣說以歡喜，他之親見付囑法以歡
喜。從此以下六品，觀世音釋陀羅尼，以歡喜普門品第三
如上法，爲得自在故，二法法法，三法以如實所有法法
法故，二法流法法得集法得以得法妙境爲本如是大歡喜
法受華門
藥王菩薩本事品
三門分別：一來意，二釋名，三解妨。來意者，前之二品明付囑
六品示受持流通本行之人，爲説菩薩自門有門力，以法遍妙
者，教化眾生門有門力，以法遍觀音陀羅尼，陀羅尼法教化眾生法難力，以法遍妙

三八七 如故」。賛曰：弟三大段令塔等還。自此已後更无還處，故知此
三八八 品亦[一]應在經終。經「説是語時」至「皆大歡喜」。賛曰：弟四大段
三八九 衆皆歡喜聞讃法勝。付授丁寧，所以歡喜，非見[二]化仏等還所以歡
三九〇 喜。准此故應席便散也。天親菩薩釋《伽[三]耶山頂經》歡喜奉行有三
三九一 義：一説者清浄，以於諸法得自在故；二所説法清浄，以如實證知清浄
三九二 法體故；三所依説法得果清浄，以得浄妙境界故。如經「皆大歡喜
三九三 信受奉行」。
三九四 《藥王菩薩本事品》。
三九五 三門分別：一來意，二釋名，三解妨。來意者，上之二品既明付授，
三九六 下之六品受命流通。准夲論文分之爲五，藥王自行苦行力以流通，妙
三九七 音教化衆生行苦行力以流通，觀音、陁[四]羅尼護衆生諸難力以流通，妙

校注

【一】「亦」，《大正藏》無。【二】「見」下，《大正藏》有「遣」。【三】「伽」，唐本「亻」右作「迦」。【四】「陁」，乃「陀」之俗字，《大正藏》作「陀」。

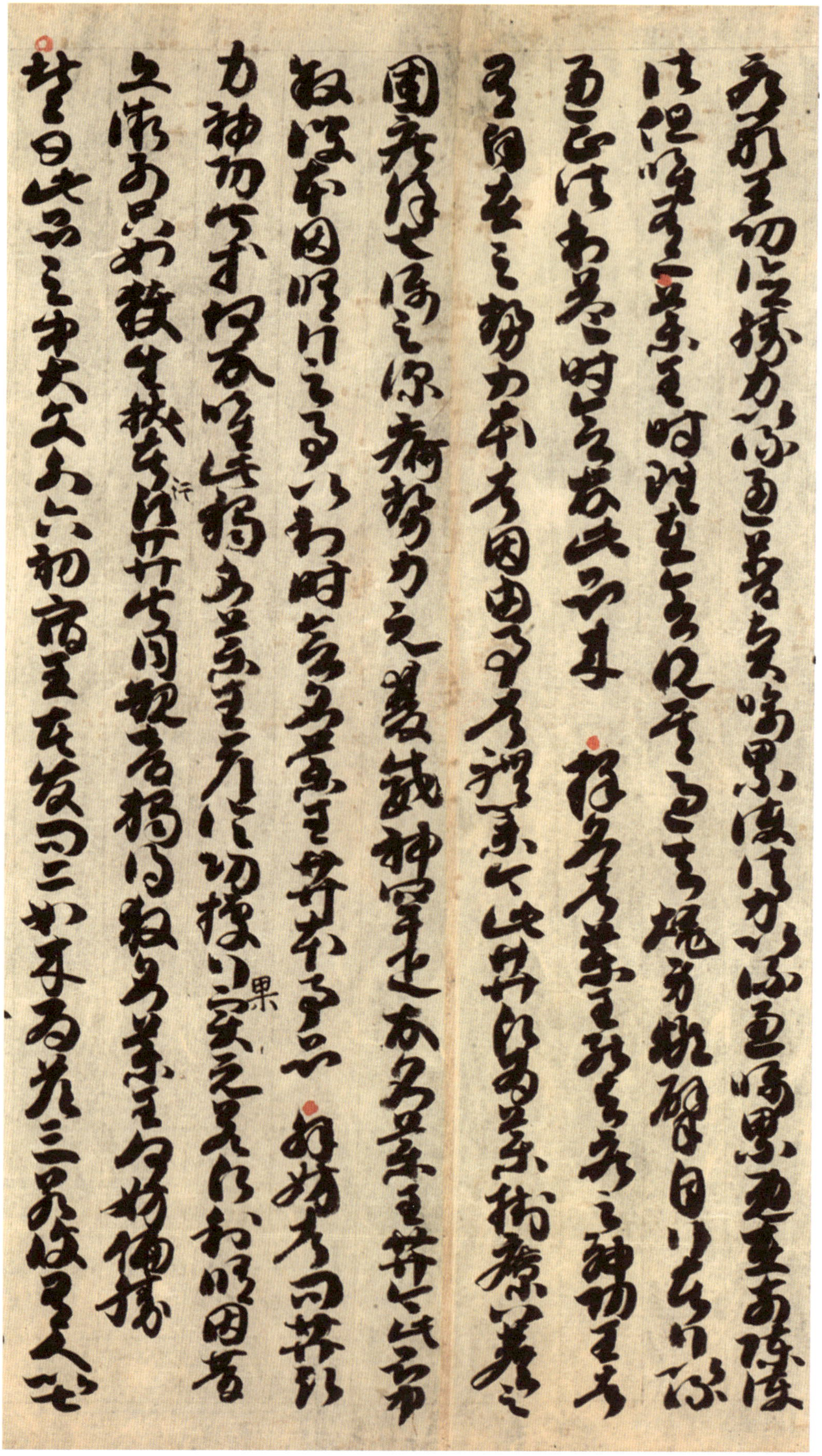

三九八

庄嚴王功德勝力以流通，普賢囑[二]累護法力以流通。囑累既在前陳，護

三九九 法但唯有一。藥王時雖在會，說其過去燒身燃臂自行苦行以流

四〇〇 通正法，利益時會，故此品來。釋名者，藥者[二]，能去疾之神功，王者，

四〇一 有自在之勢[三]力；夲者，因由，事者，體業。今此菩薩願爲藥樹，療八塵之

四〇二 固[四]疾，除[五]七漏之深痾，勢力无雙威神罕疋[六]，故名藥王菩薩。今此品中

四〇三 叙彼夲因脩行之事，以利時會，名藥王菩薩夲事品。解妨者，問：菩薩願

四〇四 力神功皆等，何故唯此獨名藥王？答：論功據行、果[七]實无差，願利、脩因昔

四〇五 亦微別。只如獲[八]生拔苦行[九]願菩薩皆同，觀音獨得救名，藥王何妨偏勝。

四〇六 〔經「爾時宿王」至「聞皆歡喜」〕[一〇]。賛曰：此品之中大文分六，初宿王花

發問；二如來爲答；三「若復有人以七

校注

【一】「囑」，唐本作「喻」，據《法華經玄賛攝釋》卷三、《法華經玄賛要集》卷三十四、《大正藏》改。【二】「者」，唐本作「王」，據《大正藏》改。【三】「勢」，《大正藏》作「威」。【四】「固」，《大正藏》作「痼」。【五】「除」，唐本形似「餘」，釋從《大正藏》。【六】「疋」，《大正藏》作「匹」，字同。【七】「果」，唐本小字補。【八】「獲」，《大正藏》作「救」。【九】「行」，唐本小字補。

【一〇】「經爾時宿王至聞皆歡喜」，唐本無，據《大正藏》補。

寶滿三千大千六波羅蜜功德回向菩提是為人中具菩薩至多無量
二十六戒說付授其時眾救是六句寶珠瓔珞此二位生石未論
無盡意三初同此請法許請云云者生死同無量億重受持法花說
如是自在意實雲現化世界千億大菩薩得如菩薩得無量萬覺
無量眾生得菩薩花至三乘又花中香會味得道民
十法華三昧菩薩六千陀羅尼功德乃至為法眾生是證之抗摩一法
動寶色自向得法華三昧之法三中有其如意聞爾為得法者
菩薩現於身來相之於本現世界為菩薩樹菩薩打緣菩薩賢
遊化和是之方得得和眾生是妙音菩薩同來以是無量毘
正法是也　爾時持地菩薩即從座起　贊曰下第二如來為聞

四〇七 寶滿三千大千」下，讚經妙德；四「宿王花若有人聞是藥王菩薩本事
四〇八 品者」下，歎勝付授；五時衆獲益；六多寶讚揚。此二俱在品末。此初。
四〇九 文有三：初問，次請，後弁請意。宿王花問者，宿世已來持《法花經》，
四一〇 如王自在。故《寶雲經》說：菩薩有十法名大藥樹，譬如藥樹名曰善見。
四一一 若有衆生得其根莖枝葉花果，亦有見色聞香嘗味得[一]觸，遇此
四一二 十法病皆除愈。菩薩亦尔，從初發心，爲諸衆生有種種煩惱病，有依施戒忍
四一三 勤定恵而得活者，有依見法、有聞聲、有知味、有同事而得活者。
四一四 菩薩隨應導利令益，故説菩薩名爲藥樹，能除煩惱病得恵命活故。
四一五 遊者猶[二]化，利益方法、濟利衆生是。若干[三]者，問苦行差別，燒身然[四]臂供
養
四一六 正法是。經「尔時仏告」至「説《法花經》」。賛曰：下如來爲答。有

校注

【一】「得」，唐本小字補。【二】「者猶」，唐本小字補。「猶」，《大正藏》作「遊」。【三】「干」下，《大正藏》有「等」。【四】「然」，《大正藏》作「燃」。

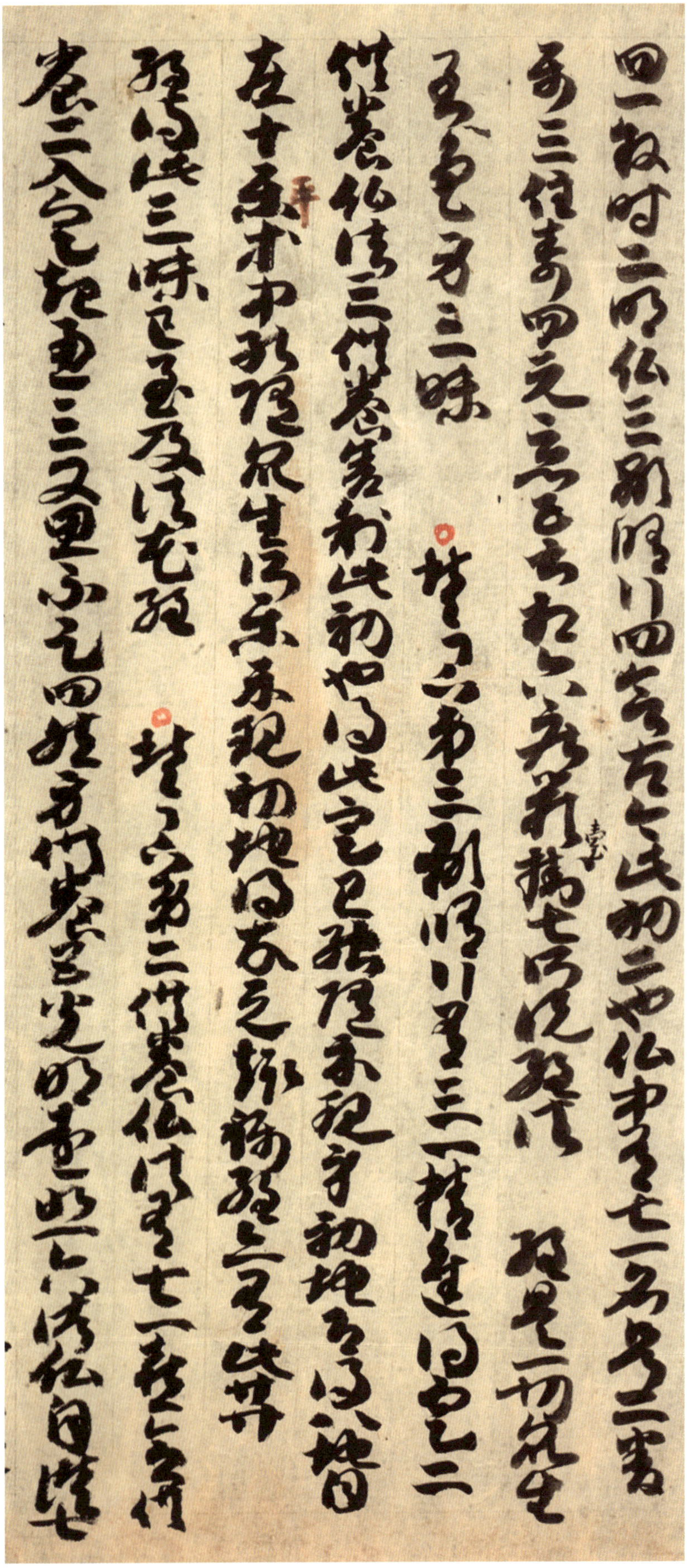

四七

四：一叙時，二明仏，三顯脩行，四會古今。此初、二也。仏中有七：一名号，二眷

四一八 屬，三住壽，四无惡，五土相，六疰嚴臺[一]樹[二]，七所說經法。經「是一切衆
生」

四一九 至「色身三昧」。賛曰：下弟三顯[三]脩行。有三：一精進得定，二

四二〇 供養仏法，三供養舍利。此初也。得此定已，能隨示[四]現身，初地即得，八地
自

四二一 在。十平[五]等中能隨衆生所樂示現，初地得故。《无垢[六]稱經》亦有此菩薩。

四二二 經「得此三昧已」至「及法花經」。賛曰：下弟二供養仏法。有七：一喜念供

四二三 養，二入定起通，三又思不足，四然[七]身供養，五光明遠照，六諸仏同[八]讃，
七

校注

【一】「臺」，唐本小字補。【二】「樹」，唐本形似「掛」，釋從《大正藏》。六六三行復見。【三】「顯」，《大正藏》無。【四】「示」，《大正藏》作「樂」。【五】「平」，唐本原作「樂」，朱筆校改作「平」。【六】「垢」，唐本作「趣」，據《大正藏》改。【七】「然」，《大正藏》作「燃」。之後「然身」之「然」，《大正藏》皆作「燃」。【八】「同」，唐本作「自」，據四二八行、《大正藏》改。

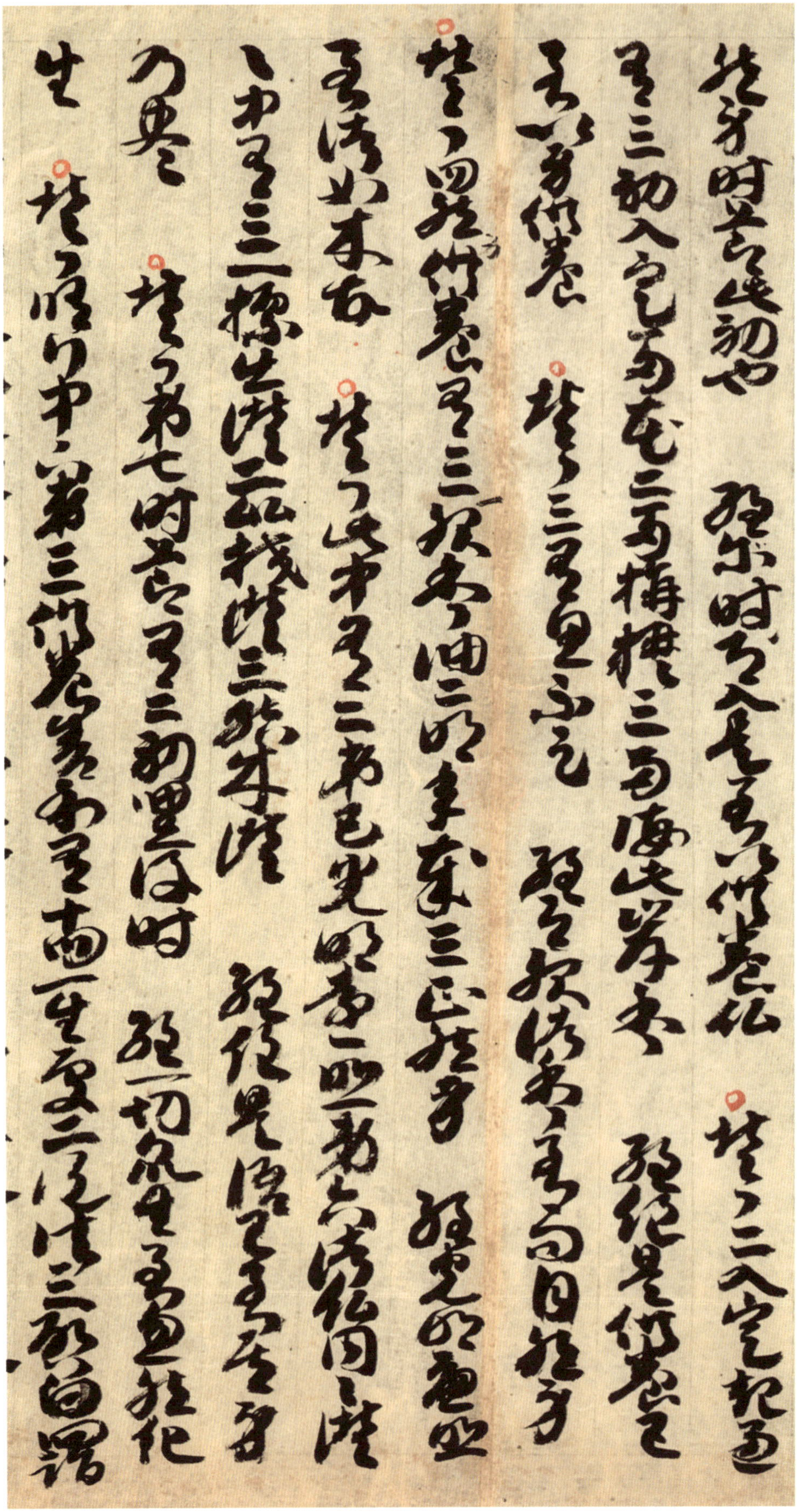

四四
然身時節。此初也。經[一]「即時[二]入是」至「以供養仏」。贊曰：二入定起

通。
四二五 有三：初入定雨花，二雨旃[三]檀，三雨海此岸香。經「作是供養已」
四二六 至「以身供養」。賛曰：三有[四]思不足。經「即服諸香」至「而自然身」。
四二七 賛曰：四然身[五]供養。有三：一[六]服香油，二明年歲，三正然身。經「光明遍
照」
四二八 至「諸如來故」。賛曰：此中有二，弟五[七]光明遠照，第六諸仏同讚。
四二九 同讚中有三：一摽出[八]讚，二比挍讚，三結成讚。經「作是語已」至「其身
四三〇 乃盡」。賛曰：弟七時節。有二：初嘿[九]，後時。經「一切衆生」至「忽然化
四三一 生」。賛曰：脩[一〇]行中下弟三供養舍利。有十四：一生處，二説法，三啓白，
四諸

校注

【一】「經」下，唐本有「尔」，點删。【二】「即時」，唐本作「時即」，中有倒乙符。【三】「旃」，《大正藏》作「栴」。【四】「有」，《大正藏》作「又」。【五】「身」，唐本小字補。【六】「一」，唐本小字補。【七】「五」，唐本作「已」，據四二三行、《大正藏》改。【八】「出」，《大正藏》作「真」。【九】「嘿」，《大正藏》作「默」，字同。【一〇】「脩」上，《大正藏》有「明」。

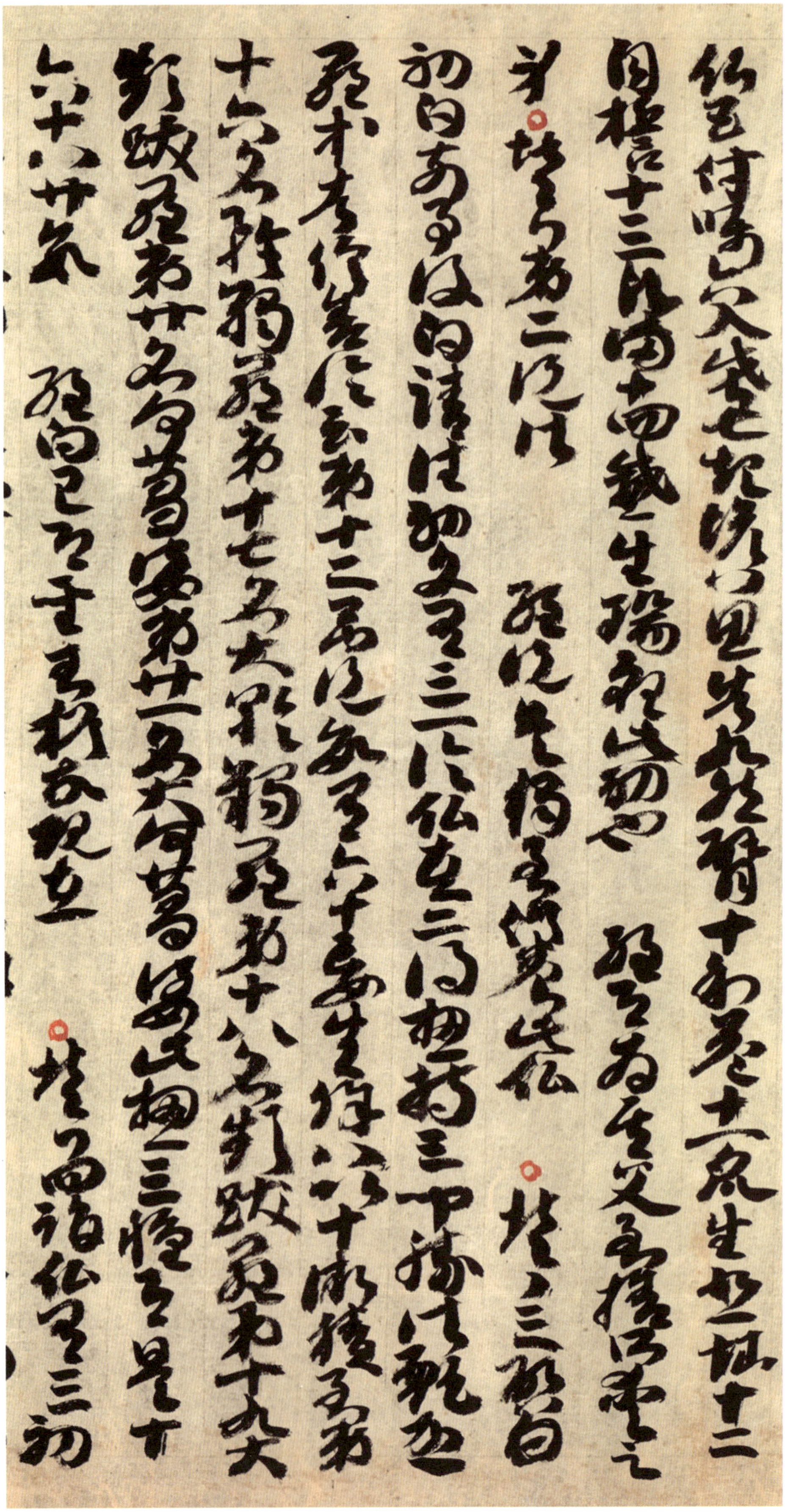

四三

仏，五付囑，六入咸，七起塔，八思告，九然臂，十利益，十一衆生悲惱，十

二

自誓，十三願滿，十四感生瑞應。此初也。經「即爲其父」至「捨所愛之身」。贊曰：弟[一]二説法。經「説是偈」至「供養此仏」。贊曰：三啓白。初白前事，後白請往。初文有三：一論仏在，二得揔持，三聞勝法。甄迦羅等者，《俱舍論》[二]弟十二弓説「數有六十，忘失[三]餘八。以十漸積至弟十六名矜羯羅，弟十七名大矜羯羅，弟十八名頻跋羅，弟十九[四]大頻跋羅，弟廿名阿[五]蒭[六]婆，弟廿一名大阿蒭婆。」此揔[七]三種，即是十六、十八、廿數[八]。經「白已即坐」至[九]「猶故在世[一〇]」。贊曰：四詣仏。有三：初

校注

【一】「弟」，《大正藏》無。【二】「論」下，唐本有「云」，據《法華經疏義纘》卷六、《大正藏》删之。【三】「忘失」，唐本作「妄生」，據《法華經疏義纘》卷六、《法華經玄贊要集》卷三十五、《大正藏》改。【四】「九」下，《大正藏》有「名」。【五】「阿」，唐本形如「何」，釋從《大正藏》。【六】「蒭」，《大正藏》作「芻」，字同。【七】「揔」，《大正藏》作「總」，字同。【八】「數」下，《大正藏》有「也」。【九】「坐至」，唐本作「聖王」，據經本、《大正藏》改。【一〇】「在世」，唐本作「現在」，據經本、《大正藏》改。

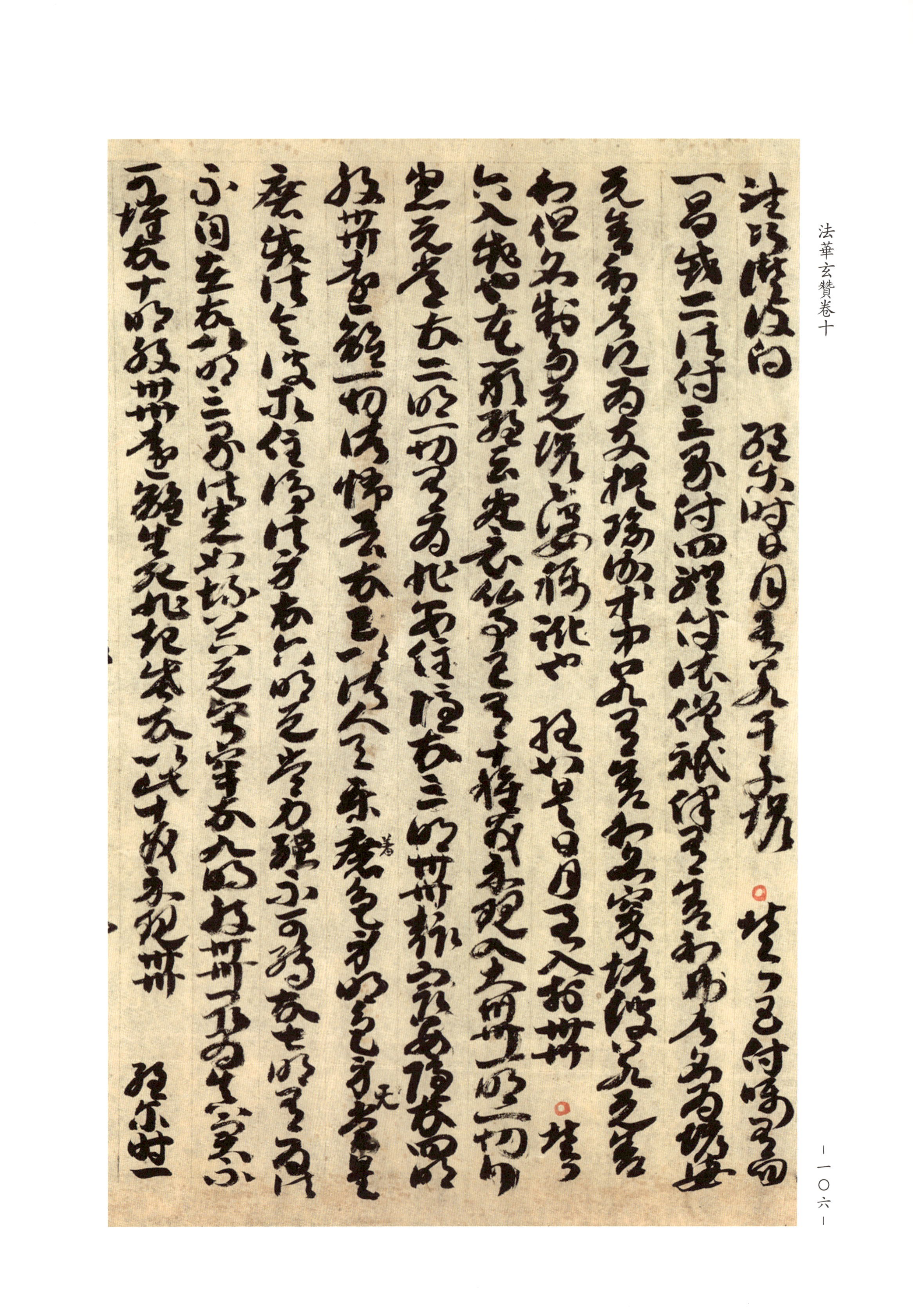

[illegible]

往，次讚，後白。經「尔時日月」至「若干千塔」。贊曰：五付囑。有四：
一昌[一]咸，二法付，三界付，四體付。依《僧祇律》有舍利[二]者名爲塔婆，
无舍利者説爲支提。《瑜伽》等中若有舍利名窣堵波[三]，若无舍
利但名制多。无塔[四]婆稱，訛也。經「如是日月」至「入於涅槃」。贊曰：
六入咸也。《花嚴經》云：究竟仏事已，有十種義示現入大涅槃：一明一切
行
悉无常故；二明一切有爲非安[五]隱故；三明涅槃趣㝡[六]安隱故；四明
般涅槃遠離一切諸怖畏故；五以諸人天樂著[七]色身明色身无[八]常是
磨咸法，令彼求住淨法身故；六明无常力强不可轉故；七明有爲法
不自在故；八明三界法悉如坏[九]器无堅牢故；九明般涅槃最爲真實不
可壞故；十明般涅槃遠離生死非起咸故。以此十義示現涅槃。經「尔時一

校注

【一】「昌」，《大正藏》作「唱」，古通。【二】「舍利」下，唐本有「弗」，點删。【三】「波」，《大正藏》作「婆」。【四】「塔」下，唐本衍一「塔」，點删。【五】「安」下，唐本有「住」，點删。【六】「㝡」，《大正藏》作「最」，字同。又「冣」亦同「最」。【七】「著」，唐本原作「磨」，校改作「著」。【八】「无」，唐本小字補。【九】「坏」，古之「坯」字。

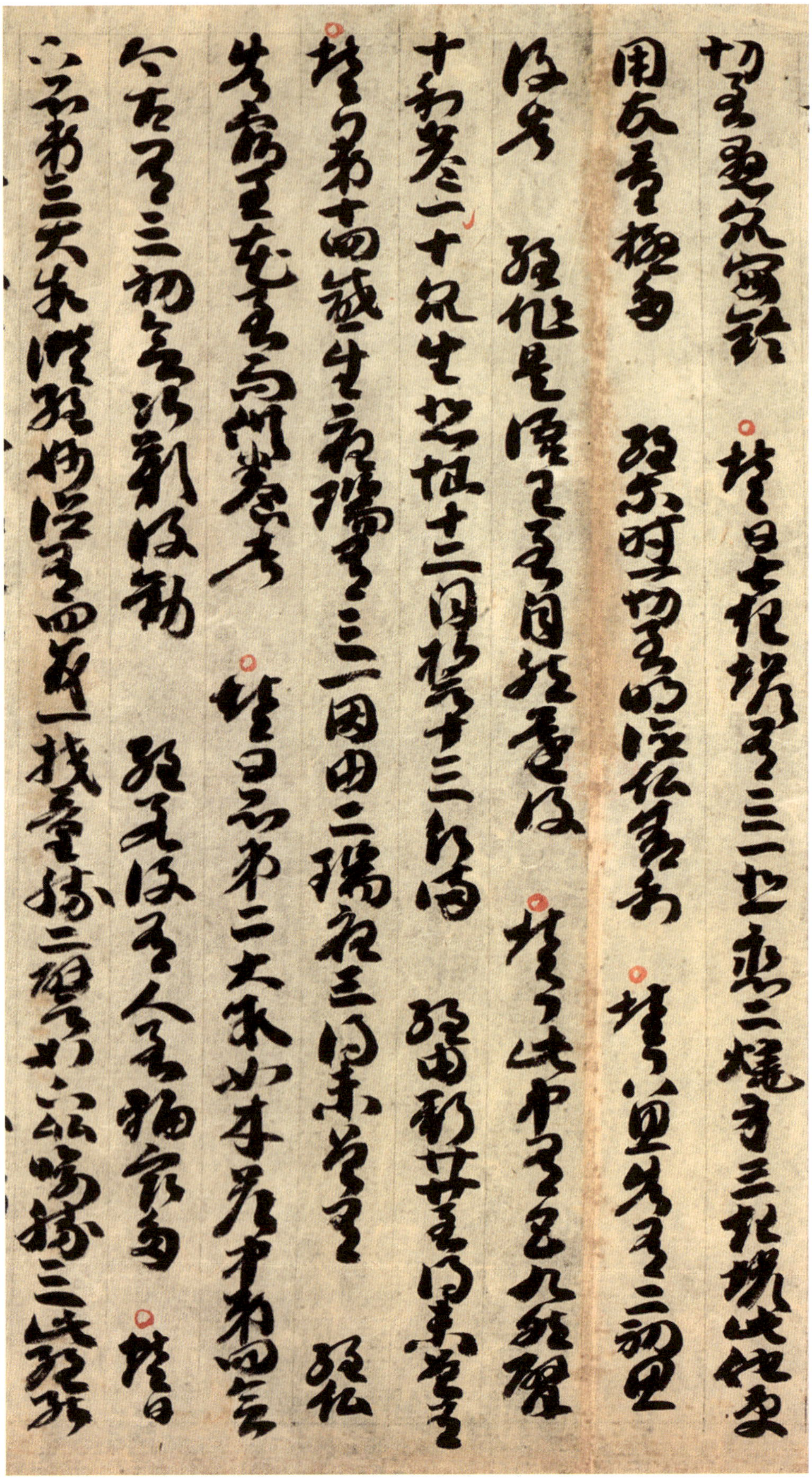

四五〇

切」至「懸衆寶鈴」。贊曰：七起塔。有三：一悲戀，二燒身，三起塔。此他

受
四五一 用，故量極多[一]。經「尔時一切」至「明德佛舍利」。賛曰：八思告。有二：
初思，
四五二 後告。經「作是語已」至「自然還復[二]」。賛曰：此中有五，九然臂，
四五三 十利益，十一[三]衆生悲惱，十二自誓，十三願満。經「由斯菩薩」至「得未曾
有」。
四五四 賛曰：第十四感生應瑞[四]。有三：一因由，二瑞應，三得未曾有。經「仏
四五五 告宿王花」至「而供養者」。賛曰：〔下〕[五]品弟二大段如來答中弟四會
四五六 今古[六]。有三：初會，次歎，後勸。經「若復有人」至[七]「福㝡多」。賛曰：
四五七 下品弟三大段讃經妙德。有四義[八]：一挍量勝，二譬如下比喻勝，三此經能

校注

【一】「多」，《大正藏》作「高」。【二】「復」，唐本作「後」，據經本、《大正藏》改。【三】「十二」，唐本作「一十」，中有朱筆倒乙符。【四】「應瑞」，《大正藏》作「瑞應」。【五】「下」，唐本無，據四五七、四七四行文例補。《大正藏》「下」下無「品」字。【六】「今古」，《大正藏》作「古今」。【七】「至」下，《大正藏》有「其」。【八】「義」，《大正藏》無。

獲六根用勝，四者人同中此法在羅所見因出六色香法勝此相也　經：威音
王佛滅後像法中生
贊曰：第二佛當機勝。文中有十一：一出唐勝，二高顯勝，
三了達勝，四得式勝，五識勢勝，六自在勝，七生生勝，八智契理勝，九受名
人法勝，九二和勝，十圓證勝，香發理勝中有法有人，法此人又有說
得除文使成本行緣起云引何引當何成邪緣起云一法有無量
一生法本生死煩惱無我為一法本何非無云不受異也分五等
然不受生老病死苦中故云不受也　經：常不輕菩薩當受記
贊曰：第三根用勝，有三：一法，二喻，三合。此初有三句，初說得本義，次說
得本等得眼等清淨又成四眼以得身為二又種子能發識意識善為

四五八 救下作用勝，四若人得聞此《法花經》，若自書下无邊勝。此初也。經「宿
勝，
四五九 王花」至「諸經中王」。賛曰：弟二比喻勝。文中有十：一幽廣勝，二高顯[一]
四六〇 三了達勝，四除或[二]勝，五[三]威勢勝，六自在勝，七出生勝，八契理勝或名
四六一 人法勝，九二利勝，十圓德勝。其契理勝中有法有人。計此人文應宜
四六二 後說，文便故來。須陁桓[四]，云預流，預聖流故。斯陁含，云一往來，唯有
四六三 一生往來生死，便成應果，名爲一往[五]來。阿那含，云不還，欲界業盡，
四六四 必不還生於欲界中，故云不還。經「宿王花」至「充滿其願」。
四六五 賛曰：下弟三作用勝。有三：一法，二喻，三合。此初。有三句：初能除或
業，次能
四六六 除苦果，後能滿善願。又發心脩行得果爲三，又揔別離惡攝善爲

校注

【一】「顯」下，《大正藏》有「殊」。【二】「或」，《大正藏》作「惑」，古通。【三】「五」，唐本形似「己」，釋從《大正藏》。【四】「桓」，《大正藏》作「洹」，古音通。【五】「往」，《大正藏》無。

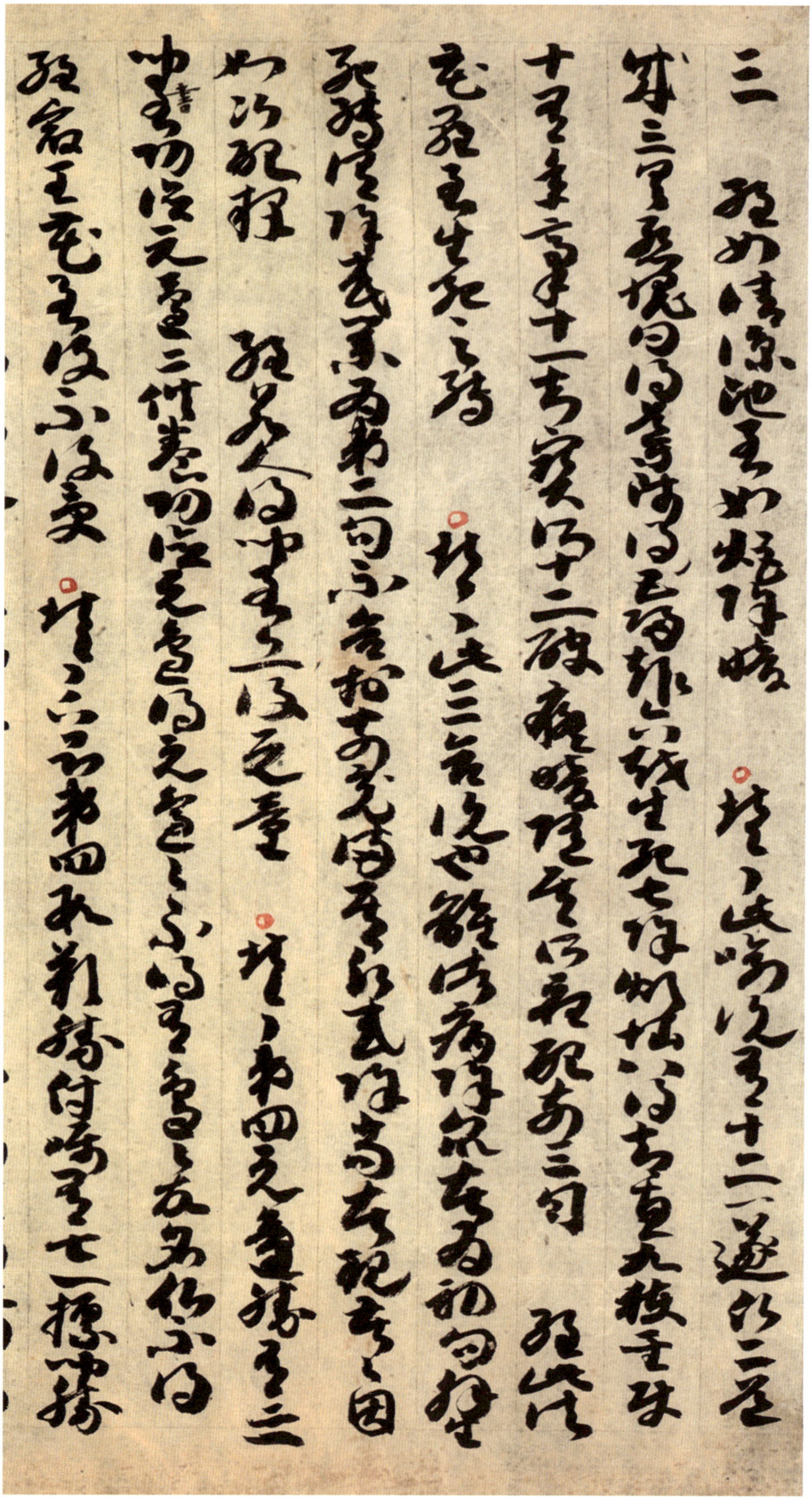

四六七

三。經「如清涼池」至「如炬除暗」。贊曰：此喻說。有十二：一遂[一]願，二

道

四六八 成，三具慙[二]愧，四[三]得導師，五得[四]歸趣，六越生死，七除煩惱，八得智

恵，九獲聖財，

四六九 十有承稟，十一知寶所，十二破癡暗。隨其所應，配前三句。經「此法

四七〇 花經」至「生死之縛」。賛曰：此三[五]合説也。離諸病[六]、除衆苦，爲初句。

解生

四七一 死縛[七]謂除或業，爲第二句。不合於前充滿其願。或除當[八]苦、現苦、苦因，

四七二 如次配釋[九]。經「若人得聞」至「亦復无量」。賛曰：弟四无邊勝。有二：一

四七三 聞書[一〇]功德无邊，二供養功德无邊。得无邊邊，不得有邊邊，故名仏不得。

四七四 經「宿王花」至「後不復受」。賛曰：下品弟四段歎勝付囑。有七：一摽聞

勝，

校注

【一】「遂」，《大正藏》作「充」。【二】「慙」，《大正藏》作「慚」，字同。【三】「四」，唐本作「曰」，據《大正藏》改。【四】「五得」，唐本作「得五」，中有倒乙符。【五】「三」，《大正藏》無。【六】「諸病」，《大正藏》作「苦痛」。【七】「縛」，唐寫本與「轉」每混。【八】「當」，唐本形似「尚」，釋從《大正藏》。【九】「釋」，《大正藏》作「之」。【一〇】「書」，唐本原作「至」，校改作「書」。

二離女身三生淨土而說者獲福已正明付囑此下當復勸行持此初二句
頌曰以本誓願隨喜略者　贊曰三生淨土亦已一生淨土三義
初標三問神通四凡為化已化佛如是說中有已一新福之意三能
餘文意三段發妙根四事而當復已明宗積方便攝引云若無愛之意
之意略　頌曰意之意之以上已說　贊曰而得獲福　頌曰
故意之意之不為不知　贊曰此中有二第已正明付囑第二以下
當之後之初標後釋後已正散事者大眾頌云如義度後初已有意
頌曰空因第二已有意後空因第三已有意有中空因第四
已有意後福行初空因第已之為立聲語空因生以已有意為判此之故

四七五 二轉女身，三生淨土，四隨喜獲福，五正明付囑，六令守護，七勤[一]供持。此
初、二也。
四七六 經「若如來滅後」至「与汝等者」。賛曰：三生淨土。有五：一生淨土，二離
四七七 煩惱，三得神通，四見多仏，五化仏遥讚[二]。遥讚中有五：一歎福无邊，二歎
四七八 德无邊，三能破煩惱，四共爲守護，五明㝡勝方便。《攝論》[三]云：菩薩恵无
邊[四]，
四七九 无与汝等。經「宿王花」至「如上所説」。賛曰：四隨喜獲福。經「是
四八〇 故宿王花」至「不老不死」。賛曰：此中有二，弟五正明付囑，弟六令
四八一 守護。守護[五]，初標，後釋。後五百歲者，《大集經》云：「仏滅度後初五百
年
四八二 解脱堅固[六]，弟二五百年禪定堅固，弟三五百年多聞堅固，弟四
四八三 五百年福德堅固，弟五五百年鬪諍堅固。」皆以五百年爲類記之，故

校注

【一】「勤」，《大正藏》作「勸」。【二】「五化仏遥讚」，《大正藏》作「五佛遥讚佛」。【三】「論」，唐本原作「引」，朱筆校改作「論」。
【四】「无邊」，《大正藏》無。【五】「護」下，《大正藏》有「中」。【六】「固」，唐本作「因」，據九二〇行及《大正藏》改。

言觀從之正有重玄正法正有之者緣法從初居東法正
有之中　能害生死生苦滅之　菩薩之第七勤行精進三一數
會二乘之三昧　能破是業生之一切衆生　菩薩之不可數
時衆稱歎本中之衆自家斷精
妙音菩薩品
三門分別一來意二釋名三解妙　來意者上說云觀世音教化衆生自力
未顯妙音現妙音現身未在業此方本從德前觀行也六
發起之因文殊名人劫前悲而顯此名來　釋名者妙音
菩薩妙法唯妙音菩薩因中為妙樂來供佛久在寶修藥佛生
果從之標以標名去　釋妙音菩薩此品明從多妙音菩薩品　釋妙

言戚後後五百歲。或正法五百年、像法一千[一]，於像法後初居[二]末法五百年中。經「宿王花」至「生[三]恭敬心」。賛曰：弟七勸供持。有三：一散花，二心念，三結[四]。經「説是藥王」至「一切衆生」。賛曰：品弟五段時衆獲益，弟六段多寶讚歎。

《妙音菩薩品》。

三門分別：一來[五]意，二釋名，三解妨。來意者，論云「教化衆生行苦行力者，妙音品示現」。妙音現居東土，應[六]在此方，夲傳法花教行苦行，今故光召集以示衆人，勸發勝心弘通經法，故此品來。釋名者，音，謂音聲，妙，謂殊妙。昔住因中好設[七]樂[八]供仏，今居果位善説法以利生，雙彰杲[九]德以摽名[一〇]，故稱妙音菩薩。此品明彼事，故名妙音菩薩品。解妨

校注

【一】「千」下，《大正藏》有「年」。【二】「初居」，《大正藏》作「其初」。【三】「生」，《大正藏》無。【四】「結」下，《大正藏》有「成」。

【五】「來」，唐本形似「木」，釋從《大正藏》。【六】「應」，唐本原作「蜜」，校改作「應」。【七】「設」，唐本改之，形似「誤」，而有塗改，釋從《大正藏》。【八】「樂」下，《大正藏》有「以」。【九】「杲」，唐本原作「業」，塗去，補寫「杲」。《大正藏》作「業」。【一〇】唐本原行「以摽」二字。「以摽名」，《大正藏》作「以摽其名」。

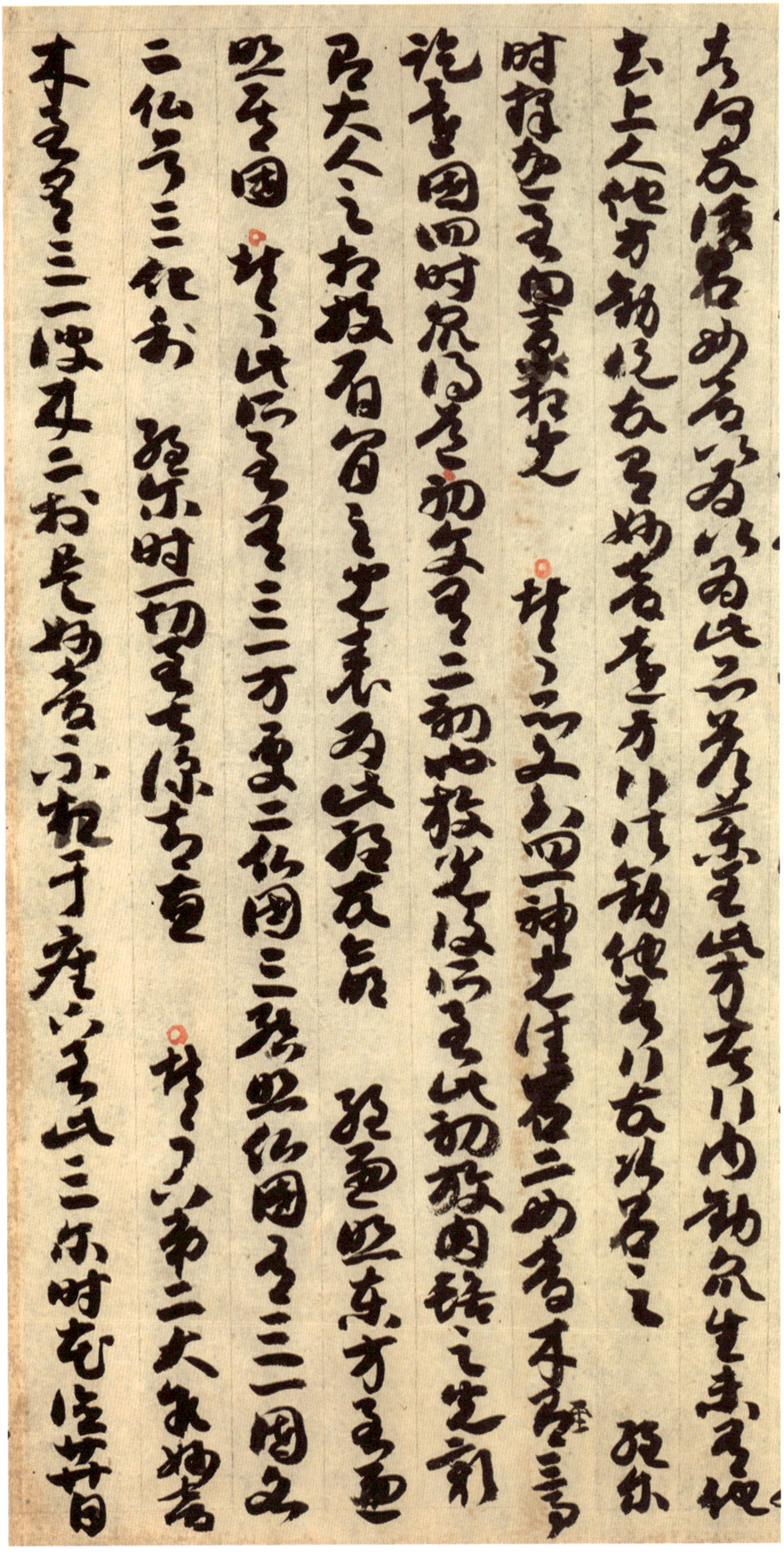

四九四

者，何故須召妙音以爲[一]此品？答：藥王此方苦行內[二]勸衆生，未有他

四九五 土上人他方勸説，故有[三]妙音遠方行法勸他苦行，故次[四]召之。經「尔
四九六 時釋迦」至「白豪相光」。賛曰：品文分四，一神光往召，二妙音來至[五]，三
事
四九七 訖還國，四時衆得道。初文有二：初[六]放光，後所至。此初[七]。放肉髻之光，
彰
四九八 召大人之相；放眉間之光，表爲此經故命。經「遍照東方」至「遍
四九九 照其國」。賛曰：此所至。有三：一方處，二仏國，三結照。仏國有三：一國
名，
五〇〇 二仏号，三化利。經「尔時一切」至「甚深智恵」。賛曰：下[八]弟二大段妙音
五〇一 來至。有三：一彼來；二「於是妙音不起于座」下，至此；三「尔時花德菩薩
白[九]

校注

【一】唐本另行「以爲」二字，據《大正藏》删。【二】「内」，《大正藏》作「自」。【三】「有」，《大正藏》作「召」。【四】「次」，《大正藏》作「須」。【五】「至」，唐本原作「即」，校改作「至」。【六】「初」下，唐本有「也」，點删。【七】「初」下，《大正藏》有「也」。【八】「下」下，《大正藏》有「品」。【九】「白」，唐本形似「日」，釋從《大正藏》。此種情况亦見於《書譜》。

佛所化有初文復四一敘昔二請來三佛許四學勸敘昔復四一擇因
早植二善友風資三發異光國四才稍已淨此下初三　經得妙幢
相三昧法華三昧　讚曰四才稍已淨有二初於十六求指復勝之意
一切情者之如情言為利眾生諸顯前二得光者是一系理三法性者
所新淨得勝法而宿王戲者宿得星緣王得自在戲得勝一戲示
得自在故現眾像猶如星宿者入種戲以下為眾生王之解者得樂
果之定義名得解定解勝樂故五以下者得生如聖理為者所成
五以者為印利定之光然無無不故七解眾生語言者皆調之為解定
八集一切法者得集稱王定九清淨者能生七淨九淨四諦等四淨者

五〇二 仏」下，化行。初文復[一]四：一叙德，二請來，三仏誡，四承勑[二]。叙德復

四：一勝因

五〇三 早植，二善友夙逢，三般若先圓，四等持已滿。此即初、三。經「得妙幢

五〇四 相」至「諸大三昧」。贊曰：四等持已滿。有二：初列十六等持，後結无量。

五〇五 一妙幢相者[三]，如幢高顯衆德庄嚴。二法花者，達一乘理。三浄德者，

五〇六 斷鄣[四]染得勝德。四宿王戲者，宿謂星像，王謂自在，戲謂遊戲[五]樂。

五〇七 謂得自在能現衆像，猶如星宿常入遊戲以利衆生。五无緣者，謂威

五〇八 盡定或无所緣定，離攀緣故。六智印者，謂真如空理爲智印故，

五〇九 或以智爲印刊定是非真妄等故。七解衆生語言者，發詞无㝵解定。

五一〇 八集一切〔功〕[六]德者，謂集福王定。九清浄者，能生七浄、九浄、四浄[七]等

故。四浄者，

校注

【一】「復」，唐本作「後」，據《大正藏》改。【二】「勑」，《大正藏》作「勅」，字同。按：「勑、勑、勅、敕」互爲異體字。【三】「者」，唐本作「相」，據下文文例、《大正藏》改。【四】「鄣」，《大正藏》作「障」，字同。【五】「戲」，《大正藏》無。【六】「功」，唐本無，據《大正藏》補。【七】「浄」，唐本作「諦」，據下文及《大正藏》改。

五二

所依净、所緣净、心净、相[二]净。十神通遊戲者，能起大神通故。十一惠炬

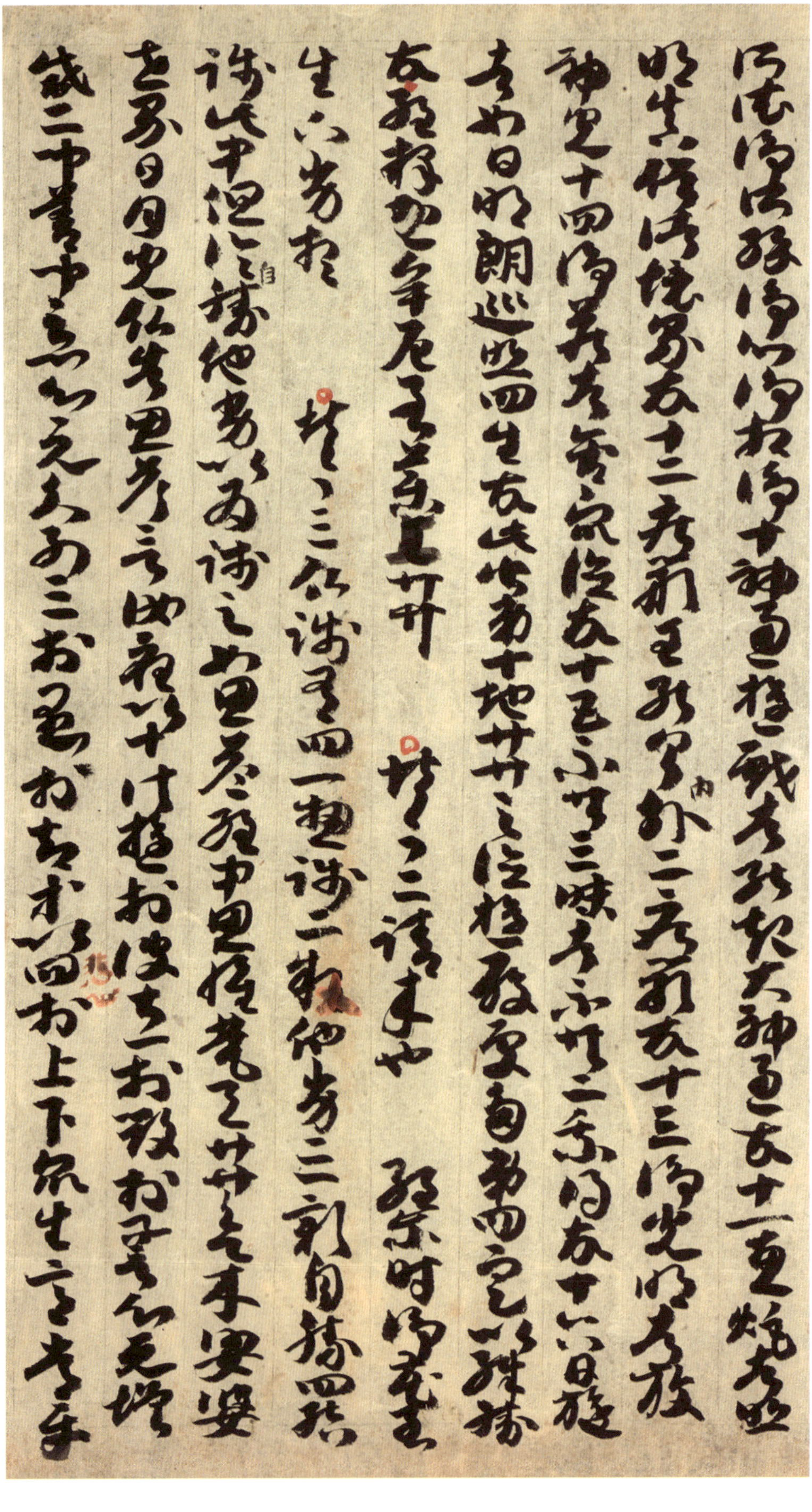

者，照
五一二 明真俗諸境界故。十二庄嚴王[二]，能具内[三]、外二庄嚴故。十三浄光明者，放
五一三 神光[四]。十四浄藏者，含衆德故。十五不共三昧者，不共二乘得故。十六日旋
五一四 者，如日明朗巡照四生故。此皆弟十地菩薩之德[五]遊履處[六]，多弟四定，以殊
勝
五一五 故。經「釋迦牟尼」[七]至「藥上菩薩」。賛曰：二請來也。經「尒時浄花」
至
五一六 「生下劣想」。賛曰：三仏誡。有四：一摠誡，二叙[八]他劣，三彰自勝，四結
五一七 誡。此中但論自[九]勝、他劣以爲誡之。如《思益經》中思惟梵天菩薩欲來娑婆
五一八 世界，日月光仏告思答[一〇]言：汝應以十法遊於彼土。一於毀於譽心无增
五一九 咸[一一]，二聞善聞惡心无分别，三於愚於智等以悲心[一二]，四於上下衆生意常平

校注

【一】「相」，《大正藏》作「智」。【二】「王」下，《大正藏》有「者」。【三】「内」，唐本小字補。【四】「光」下，《大正藏》有「故」。
【五】「德」，《大正藏》作「所」。【六】「處」，《大正藏》無。【七】「尼」下，《大正藏》有「佛」。【八】「叙」，係朱筆校改。【九】「自」，
唐本小字補。【一〇】「答」，《大正藏》作「益」。【一一】「咸」，通「减」，《大正藏》作「减」。【一二】「悲心」，係朱筆補寫。

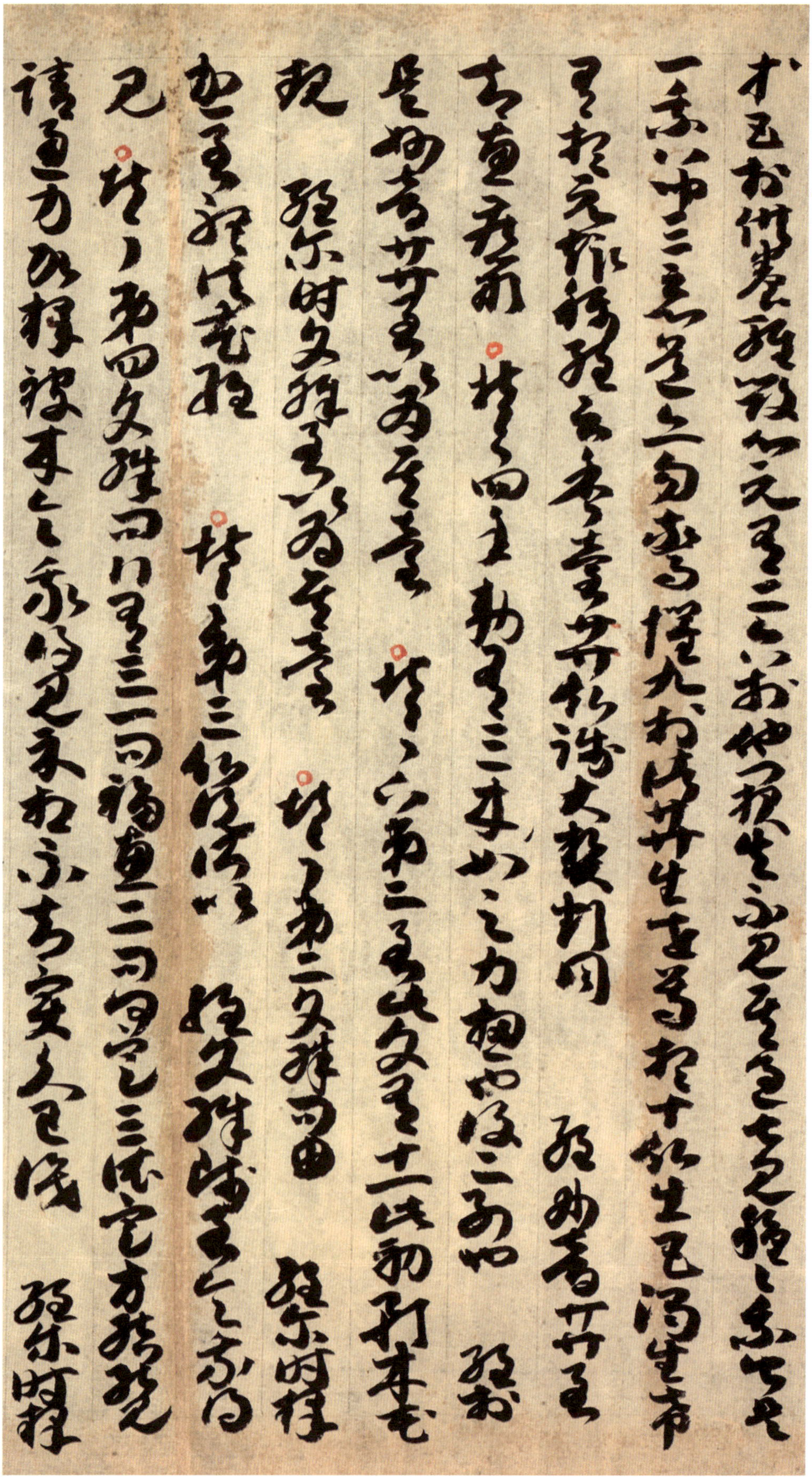

五二〇 等，五於供養、輕毀心无有二，六於他闕失不見其過，七見種種乘皆是

五二 一乘，八聞三惡道亦勿驚懼，九於諸菩薩生世尊想，十仏出五濁生希

五三 有想。《无垢[一]稱經》云[二]香臺[三]仏誡大契[四]類同。經「妙音菩薩」至

五三 「智恵庄嚴」。賛曰：四承勅。有三：如來[五]之力，揔也；後二，別也。經

「於

五四 是妙音菩薩」[六]至「以爲其臺」。賛曰：下弟二至此。文有十一，此初，預[七]

來花

五五 現。經「尔時文殊」至「以爲其臺」。賛曰：弟二文殊問由。經「尔時釋

五六 迦」至「聽《法花經》」。賛曰：弟三仏説所以。經「文殊師」[八]至「令我得

五七 見」。賛曰：弟四文殊問行。有三：一問福恵，二問[九]何定，三依定方[一〇]能

見。

五八 請通力加釋[一一]被來，令我得見；示相不知，實久已識。經「尔時釋

校注

【一】「垢」，唐本作「趣」，據《大正藏》改。【二】「云」，《大正藏》無。【三】「臺」下，唐本有「菩薩」，朱筆點刪。【四】「契」，《大正藏》作「勢」。【五】「如來」，唐本作「來如」，中有倒乙符。【六】「菩薩」，《大正藏》無。【七】「預」，《大正藏》作「豫」，古通。【八】「師」下，《大正藏》有「利」。【九】「問」下，《大正藏》有「入」。【一〇】「方」下，唐本有「結」，據《大正藏》刪。【一一】「釋」，《大正藏》無。

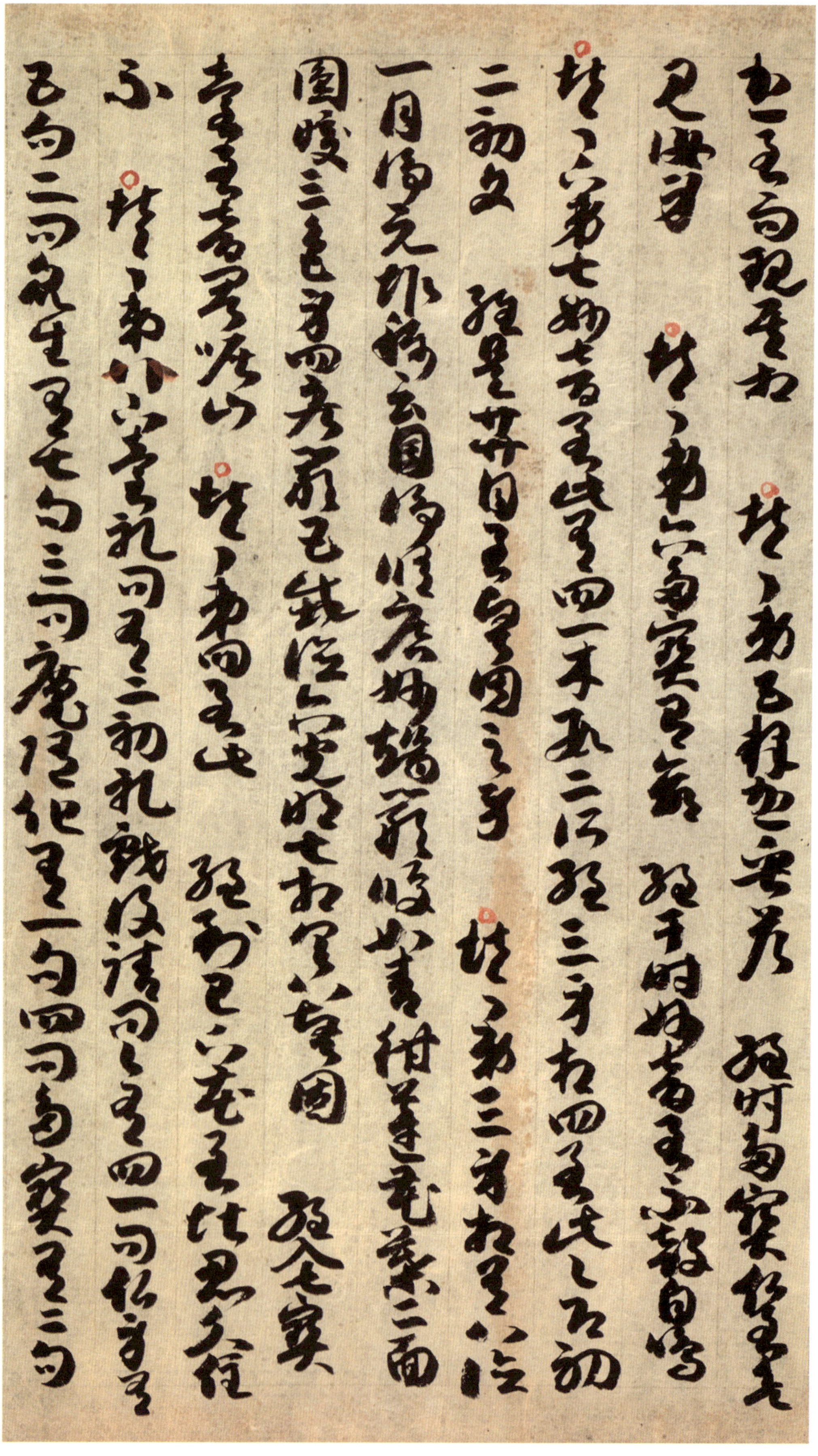

五九

迦」至「而現其相」。贊曰：弟五釋迦垂答。經「時[二]多寶仏」至「欲

五二〇 見汝身」。賛曰：弟六多寶召命。經「于時妙音」至「不鼓自鳴」。

五二一 賛曰：下弟七妙音至此。有四：一來數，二所經，三身相，四至此。此[二]即初、

五二二 二[三]文。經「是菩薩自」[四]至「堅固[五]之身」。賛曰：弟三身相。有八德：

五二三 一目淨，《无垢稱》[六]云「国[七]淨脩廣妙端嚴，皎如青紺蓮花葉」；二面

五二四 圓皎；三身色[八]；四莊嚴；五威德；六光明；七相具；八堅固。經「入七寶

五二五 臺」[九]至「耆[一〇]闍崛山」。賛曰：弟四至此。經「到已下花」至「堪忍久住

五二六 不」。賛曰：弟八[一一]下臺礼問。有二：初礼戲[一二]，後請問。問[一三]有四：一問仏身有

五二七 五句，二問衆生有七句，三問魔隨化有一句，四問多寶有二句，

校注

【一】「時」上，《大正藏》有「爾」。【二】「此」，《大正藏》無。【三】「二」下，唐本有「初」，據《大正藏》刪。【四】「自」，《大正藏》作「目」。【五】「固」，唐本形似「因」，釋從經本、《大正藏》。【六】「稱」下，《大正藏》有「經」。【七】「国」，《大正藏》作「目」。【八】「身色」，唐本作「色身」，據《大正藏》乙正。【九】「臺」，《大正藏》無。【一〇】「耆」，唐本作「音」，據《大正藏》改。【一一】「八」，唐本原作「行」，朱筆校改作「八」。【一二】「戲」，《大正藏》作「獻」。【一三】「問」上，《大正藏》有「請」。

一句本二頌云　經曰衆寶樹下亦復如是見　贊曰第九請
見多寶寶釋迦佛因現世神力映蔽之至上是為請見之
經爾時釋迦至寶樹下諸佛　贊曰第十釋迦諸佛十一鄔寶所攝
經爾時諸佛至是神力　贊曰六又數第三明化謂至初說法
句因二初本定生二諦可顯見四說後為之至時衆復為法初也
經彼生說法至是神力　贊曰第二初本定生說法至一來法因三
合六字三又是佛佛四為以諸以至然為何因氏諸至三一說二以三
證　經曰說於虛空中摩訶薩是　贊曰二合六字　經曰
是娑婆世界說因佛佛　贊曰三又是佛佛　經曰說法但為說法

五三八 一問來，二起居。經「世尊我今」至「示我令見」。賛曰：弟九請
五三九 見多寶。多寶、釋迦雖同塔坐，神力映蔽令其不見，故請見之。
五四〇 經「尒時釋迦」至「故來至此」。賛曰：弟十釋迦請[一]，十一多寶讚揚。
五四一 經「尒時花德」至「有是神力」。賛曰：下大段弟三明化行。有五：初花德
五四二 問因，二如來具告，三讚問脩定，四仏後答之，五時衆獲答[二]。此初也。
五四三 經「仏告花德」至「有是神力」。賛曰：下弟二如來具告。有五：一示往因，
二
五四四 會今果，三久遇諸仏，四廣行利行，五結答所由。此初。有三：一仏，二行，
三
五四五 結。經「花德於汝」至「摩訶薩[三]是」。賛曰：二會今果。經「花德
五四六 是妙音」至「那由他仏」。賛曰：三久遇諸仏。經「花德汝但」至「无所

校注

【一】「請」上，《大正藏》有「為」。【二】「答」，《大正藏》作「益」。【三】「薩」，唐本作「𦬇」，係符代字。

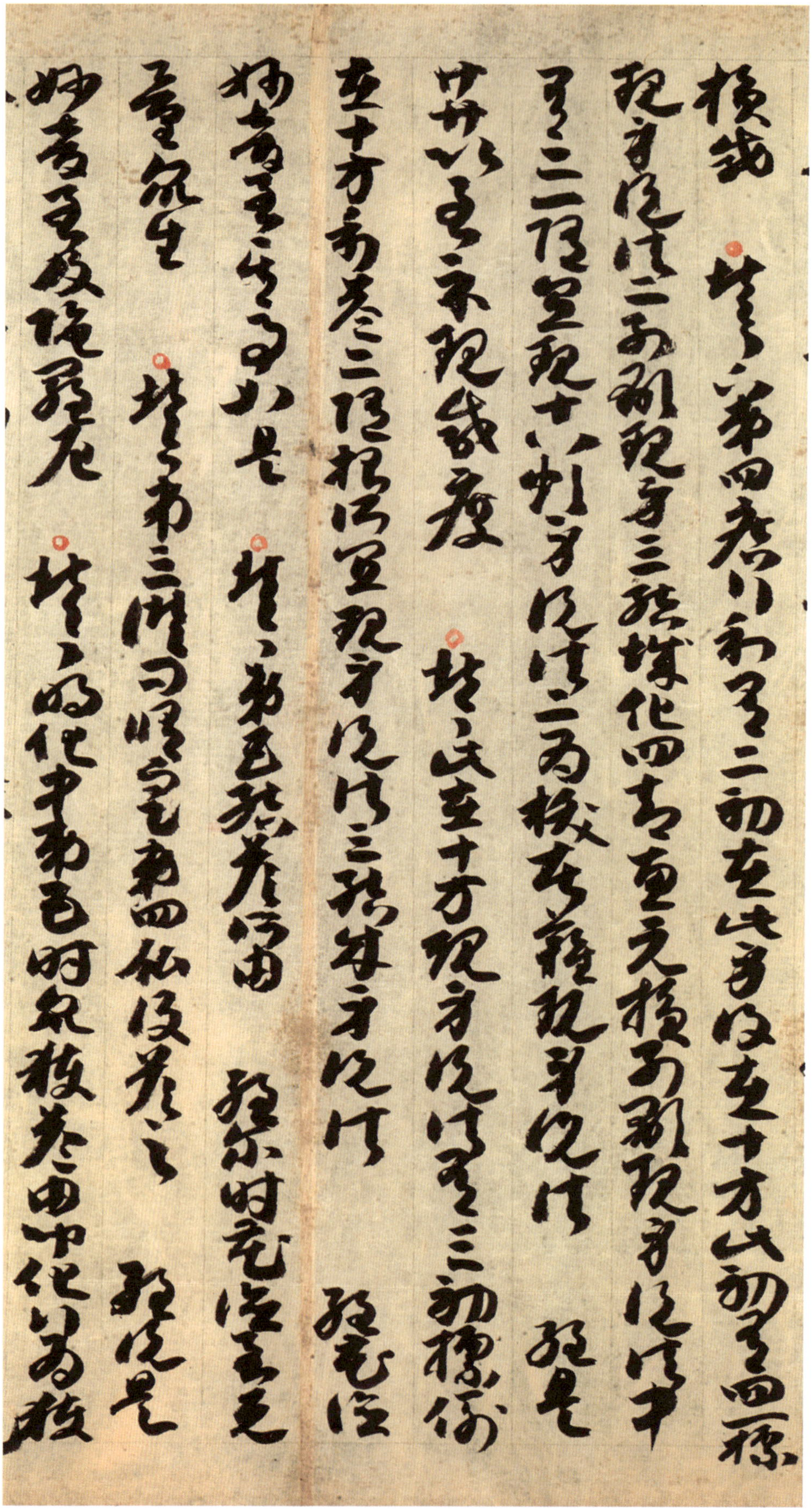

五四七

損咸[一]」。贊曰：下弟四廣行利〔行〕[二]。有二：初在此身[三]，後在十方。此

初。有四：一標
五四八 現身説法，二别顯現身[四]，三結成化[五]，四智恵无損。别顯現身説法中
五四九 有二：一隨宜[六]現十八類身説法，二爲拔苦難現身説法。經「是
五五〇 菩薩以」[七]至「示現滅[八]度」。賛曰：此在十方現身説法。有三：初標例
五五一 在十方利益，二隨根所宜現身説法，三結成身説法[九]。經「花德
五五二 妙音」至「其事如是」。賛曰：弟五結答所由。經「尒時花德」至「无
五五三 量衆生」。賛曰：弟三讃問脩定，弟四仏後[一〇]答之。經「説是
五五四 妙音」至「及陁羅尼」。賛曰：明化〔行〕[一一]中弟五時衆獲益。由聞化行，
爲[一二]獲

校注

【一】「咸」，通「减」，《大正藏》作「減」。【二】「行」，唐本無，據五四四行及《大正藏》補。【三】「身」，《大正藏》作「方」。【四】「身」下，《大正藏》有「説法」。【五】「成化」，唐本作「城化」，據《大正藏》改。【六】「冝」，《大正藏》作「宜」，字同。【七】「以」下，《大正藏》有「若干」。【八】「滅」，唐本作「咸」，據經本及《大正藏》改。「成化」下，《大正藏》有「者」。「者」，或當作「意」。【九】「法」，《大正藏》無。【一〇】「後」，《大正藏》作「復」。【一一】「行」，唐本無，據後文及《大正藏》補。【一二】「爲」，《大正藏》作「曲」。

猶示　經爾時妙音菩薩三昧　贊曰下第三集會說
意因有三一標意因二從經起三下之已曰　經從是妙音至
淨光三昧、　贊曰下第四來時眾問見之瑞中二文蓮華猶在
觀世音菩薩云云
三乃至第一本意二釋名三解妙本意者以云護眾生法華
方便品觀世音云陀羅尼云東觀音救苦發心眾生羅什觀
眾生發心持陀羅尼救已發心持經者羅什文觀
音之眼耳鼻舌身心三通普持經者陀羅尼二重二十神一明
說護持經者羅什文觀音菩薩人救護陀羅尼福德救護持經之
力發眾生者菩薩不加以句救之方立一種問持經之業成以勸

已　雜

五五五 勝利。經「尒時妙音」至「色身三昧」。賛曰：下品中[一]弟三段事訖
五五六 還國。有三：一摽還國，二所經相，三至已白[二]。經「説是妙音」至
五五七 「法花三昧」。賛曰：品弟四段時衆得道。邦[三]聞一品，遂獲勝益。
五五八 《觀世音普門品》。
五五九 三門分別：一來意，二釋[四]名，三解妨。來意者，論云「護[五]衆生諸難
五六〇 力者，謂《觀世音品》[六]《陁羅尼品》示現」。《觀音》救未發心衆生難，令
離
五六一 衆苦發心持經，《陁羅尼》救已發心持經者難，令離苦持經。又《觀
五六二 音》以天眼、天耳、他心三通護持經者難，《陁羅尼》二聖二天十神以明
五六三 呪護持經者難。又《觀音》念人救難，《陁羅尼》誦法救難。持經之
五六四 力已[七]離衆難[八]，若不加以易救之方，恐難脩持經之業，故以易切

校注

【一】「下品中」，「下、中」，《大正藏》無。「品中」，唐本作「中品」，中有倒乙符。【二】「白」下，《大正藏》有「益」。【三】「邦」，《大正藏》作「都」。【四】「釋」，唐本作「擇」，據《大正藏》改。【五】「護」，《大正藏》作「救」。【六】「品」，《大正藏》無。【七】「已」，係朱筆補寫。【八】「難」，唐本原作「生苦」，朱筆校改。

助成義故以勤持教故此品來　釋名者觀音有寬義文有
及之初從觀者察義有觀世之世之者破壞義謂有情
之情也音者言音者聲之情之世音者言情也音聲之聲其音者聲一謂
菩薩大悲意存觀機救名觀世音若正梵云觀自在者謂三業歸
依悲六通之無礙化之德眼危衣充於攝機化不請友為親觀智
擇斯義理名觀自在菩薩如前菩薩者具云菩提薩埵之有情入生之
由定慧三業歸依悲六通之無礙示才乘生友入樂得由定慧行友具
菩之神通記之教謂三乘有難友之定行能入定之因由是菩之
觀能之者有為友於一謂之悲雜之記之於攝友名觀音此品

助成難業以勸持經，故此品來。」釋[一]名者，觀，音古寬反，又古段反，今從初[二]。觀者，察義，府救恵悲[三]。世者，可[四]猒[五]壞義，體即生死有情世間。音謂音聲有情語業，世間有情起音聲以歸念，菩薩以大悲恵府[六]觀隨救，名觀世音。正義[七]云觀自在。諸三業歸依，必六通垂化，无[八]暇危苦飛輪摧[九]拔[一〇]，作不請友爲應病醫，攝利難思，名觀自在。菩薩如前。普者，平等遍滿義。門者，入出之由處。諸三業歸依，必六通垂救平等，示此出苦入樂所由處所，故名普門。神通、記心[一一]、教誡三輪，爲離苦之處所作入寂之因由，是普門體。然有苦者多發聲以歸念，必[一二]應命[一三]以臨拯[一四]，故名觀音。此品

校注

【一】「釋」，唐本形似「擇」，《大正藏》作「釋」，從之。【二】「從初」，唐本作「初從」，中有倒乙符。【三】「府救恵悲」，《大正藏》作「俯救悲慧」。【四】「可」，唐本原作「世」，朱筆校改作「可」。【五】「猒」，唐本形似「猒」或「獸」，《大正藏》作「破」。此字形又見八六一行。【六】「府」，《大正藏》作「俯」。【七】「義」下，《大正藏》有「應」。【八】「无」下，唐本衍一「暇」，點刪。【九】「摧」，唐本形似「權」，釋從《大正藏》。【一〇】「拔」，唐本原作「拔」，朱筆校改作「拔」。【一一】「心」，《大正藏》作「説」。【一二】「必」上，《大正藏》有「大悲者」。【一三】「命」，《大正藏》作「念」。【一四】「臨拯」，唐本原作「論極」，朱筆校改作「臨拯」。

意明故名觀音普門之　經爾時無盡意菩薩大士觀世音名故
何故待言後方答說者生天以為仏故大聖之行不以自安
之之心佛緣善惡之行因緣先因自集後方為說自然不
知說何能故待請之方能救之說法自取果能方便安住
無故其者方說之一切菩薩多具此說名故觀音獨意此等者
知何不同者為多故說雖文文章書仏為能善實切法明王仏故
偏衆之　經爾時無盡意之至名觀世音　贊曰下文分四一問
答名因二問答化行三持地問對四請答時施初二文可知初文
是三一問名因二答名字義三一標意持名功德勝劣後初也文處

廣明，故名觀[一]音普門品。解妨難[二]者，問：菩薩大悲觀苦即救，何故待念後方垂慜[三]？答：生无心而仏救，大聖之所不通；自發意而悕緣，群聖之所同範。先因自業後方藉緣，自既不脩緣何所作？故待歸念方始救之。設雖自脩未解方便，要假良友示[四]苦方感。問：一切菩薩皆有此能，何故觀音獨苞此[五]号？答：本願不同，利事別故。紹繼无量壽仏，當作普[六]光功德山王仏，故偏𥝠之。經「尒時无盡意」至「名觀世音」。賛曰：品文分四，一問答名因，二問答化行，三持地讚歎，四結成時益。初二文有頌。初文有三：一問名因，二答字義，三挍量持名功德勝劣。此初也。无盡

校注

【一】「觀」下，《大正藏》有「世」。【二】「難」，《大正藏》無。【三】「慜」，《大正藏》作「愍」，字同。【四】「示」，唐本原作「其」，於原字上朱筆改作「示」。【五】「苞此」，《大正藏》作「包彼」。【六】「普」，《大正藏》作「寶」。

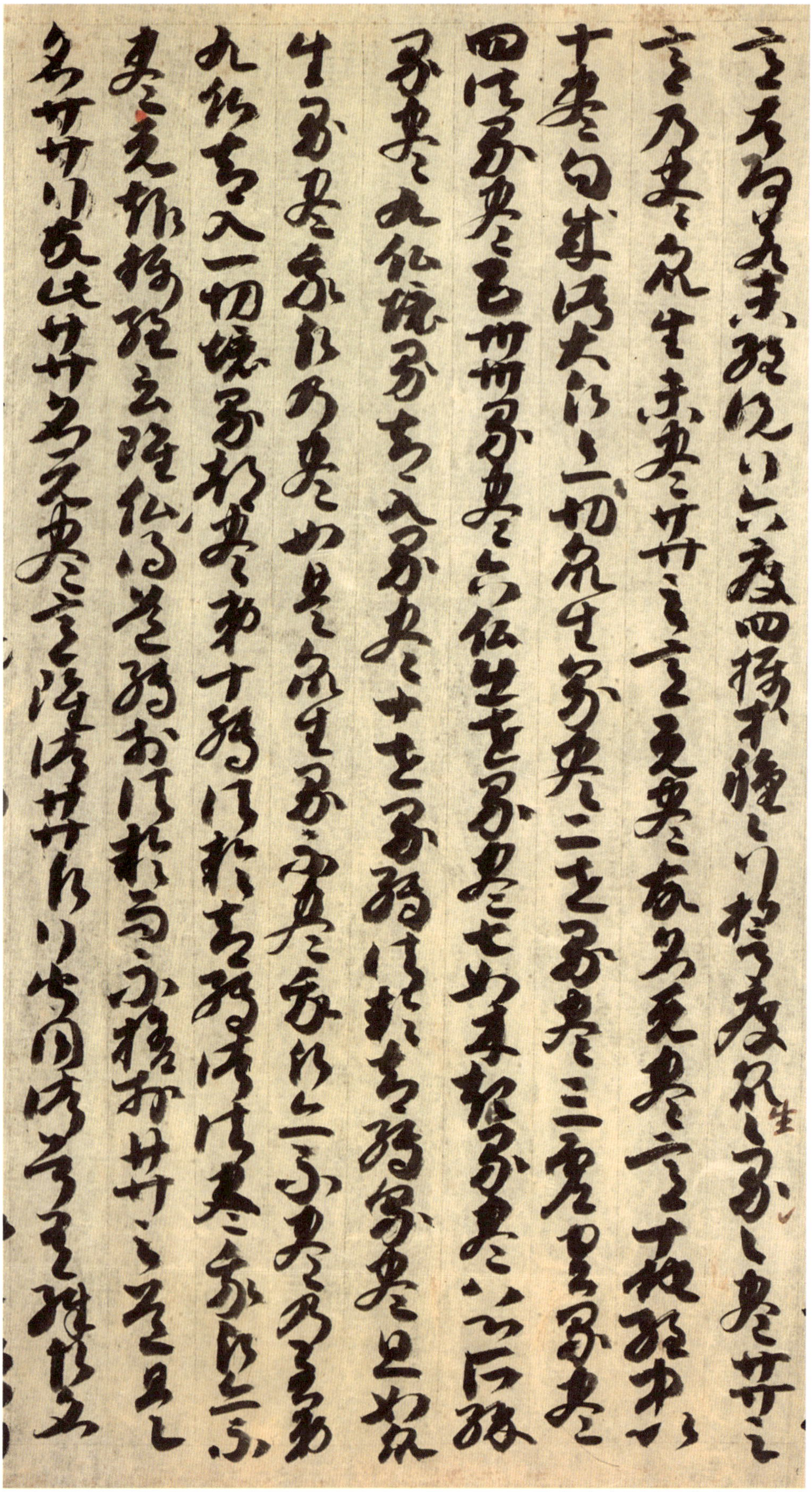

五八三 意者，《阿差末經[一]》說「行六度四攝等種種行，誓度衆生[二]。衆生界盡[三]，

菩薩之意乃盡；衆生未盡，菩薩之意无盡，故名无盡意。」《十地經》中以十盡句成諸大願：願[四]一切衆生界盡，二世界盡，三虛空界[五]盡，四法界盡，五涅槃界盡，六仏出世界盡，七如來智界盡，八心所緣界盡，九仏境界智入界盡，十世界轉法輪智轉界盡。且如衆生界盡我願乃盡，如是衆生界不盡我願亦不盡。乃至弟九仏智[六]入一切境界都盡，弟十轉法輪智轉諸法盡，我願亦不盡。《无垢[七]稱經》云：「雖得仏[八]道轉於法輪，而不捨於菩薩之道，是名菩薩行。」故此菩薩名无盡意。雖諸菩薩願行皆同，諸号有殊，願各[九]

校注

【一】「阿差末經」，見於佛經，唐本「末」作「未」，釋從《大正藏》。【二】「生」，係朱筆補寫。【三】唐本原作「誓度衆生衆界盡」。「生」，朱筆補。「界」下有朱筆倒乙符。釋文依《阿差末經》「誓度衆生。衆生界盡」。【四】「願」，《大正藏》無。【五】「界」，《大正藏》無。【六】「智」下，《大正藏》有「證」。【七】「垢」，唐本作「趣」，據《大正藏》改。【八】「得仏」，唐本作「仏得」，中有倒乙符。【九】「各」，唐本作「名」，據《大正藏》改。

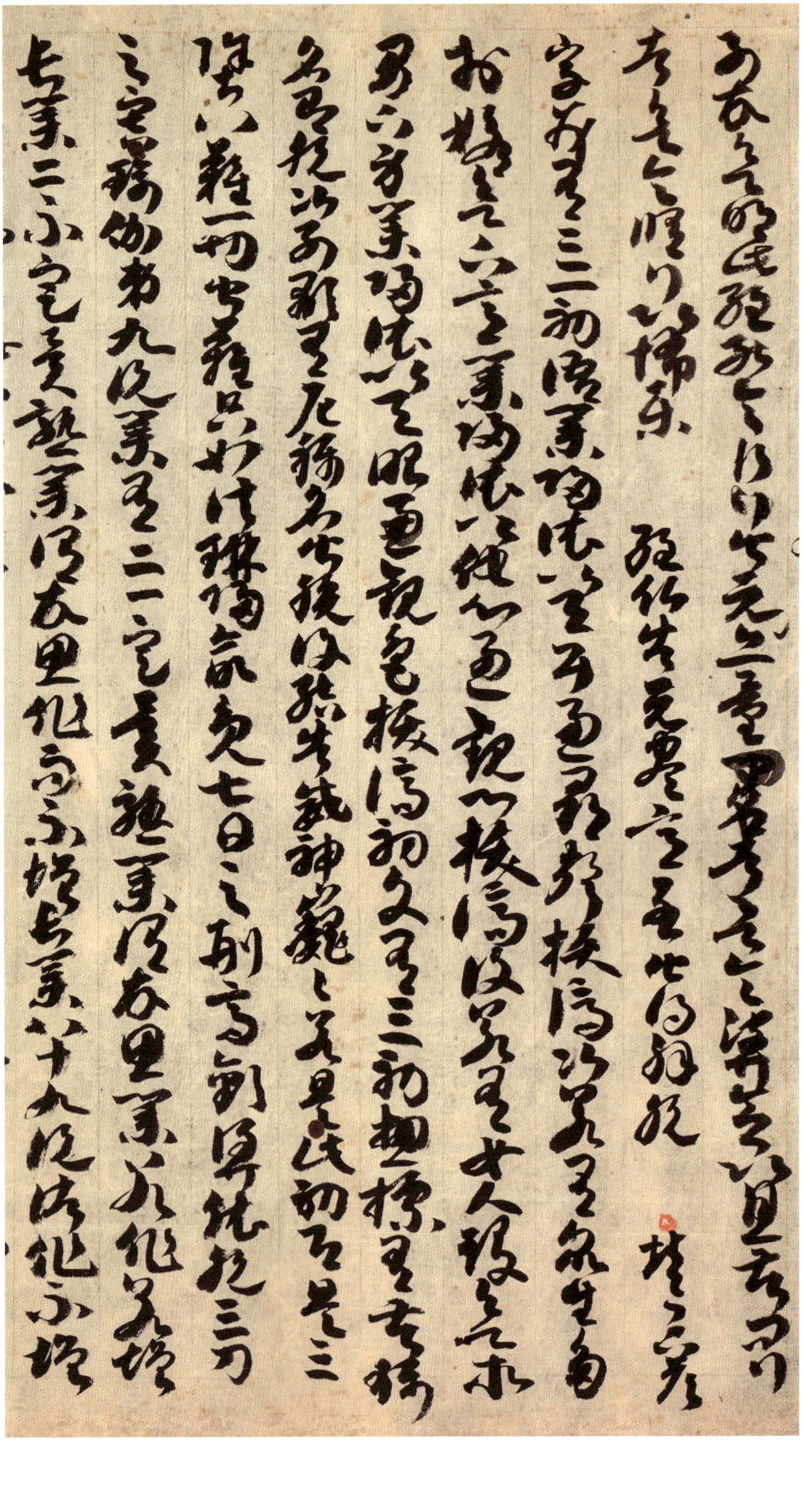

五九二

別故。欲明此經能令行願[一]皆亦无[二]量[三]。問名者欲令憑[四]念以息苦，問行者欲令脩行以悕[五]樂。經「仏告无盡意」至「皆得解脫」。賛曰：下答字義。有三：一[六]初語業歸依，以天耳通尋聲拔[七]濟；次「若有衆生多於婬欲」下，意業歸依，以他心通觀心拔濟；後「若有女人設欲求男」下，身業歸依，以[八]天眼通觀色拔濟。初文有三：初揔摽有苦稱名即脫，次別顯有厄[九]稱名皆脫，後結告威神巍巍若是。此初。即是三塗[一〇]八難一切皆[一一]難，只如法琳歸命免七日之刑，高歡馮[一二]依脫三刀之害。《瑜伽》弟九說業有二：一定異熟業，謂故思業若作若增長業；二不定異熟業，謂故思[一三]作而不增長業。八十九說諸作不增

校注

【一】「行願」，唐本作「行行」，據《大正藏》改。參見《大方廣佛華嚴經》卷七「普賢行願無邊際」。【二】「亦无」，唐本作「无亦」，中有倒乙符。【三】「量」，《大正藏》作「盡」。【四】「馮」，《大正藏》作「憑」。《漢語大字典》：馮，同凴（憑）。【五】「悕」，《大正藏》作「希」。唐本「悕」形似「怖」。【六】「一」，《大正藏》無。【七】「拔」，唐本少右下撇。【八】「以」，《大正藏》無。【九】「厄」，唐本形似「尼」，釋從《大正藏》。【一〇】「塗」，《大正藏》作「途」。唐本「塗」之水旁似「阜」旁。【一一】「皆」，《大正藏》作「苦」。【一二】「高歡馮」，《大正藏》作「濟歸」。【一三】「思」下，《大正藏》有「已」。

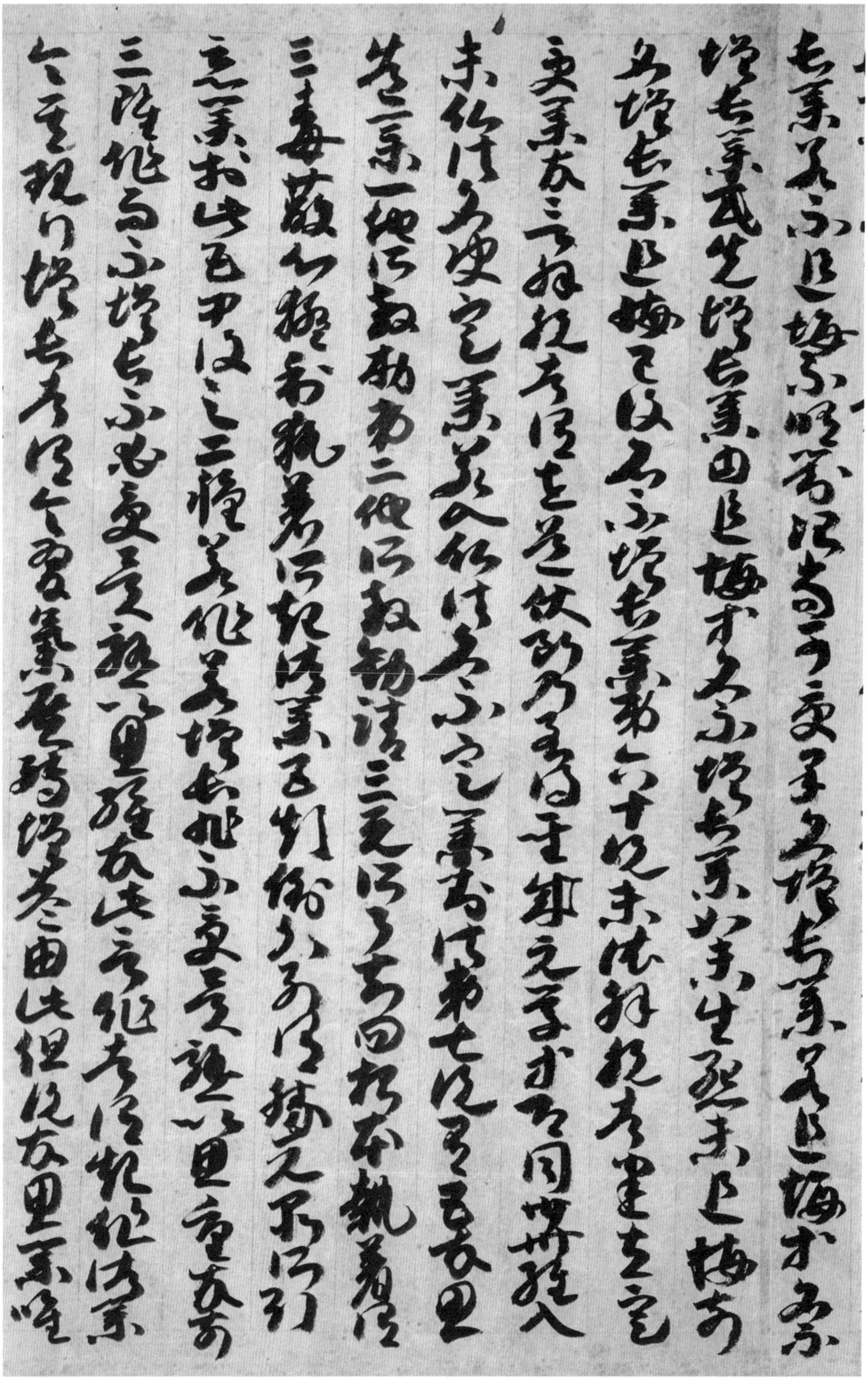

長業，若不[一]追悔不脩對治，尚可受果名增長業；若追悔等名不增長業。或先增長業由追悔等名不增長業，如未生怨未追悔前名增長業，追悔已後名不增長業。弟六十說未依[二]解脫者建立定受業故。言解脫者，謂世道伏斷，乃至得聖成无學等。即同《涅槃經》未入[三]仏法名決定業，若入仏法名不定業。《對法》弟七說有五故思造業[四]：一他所教勑；弟[五]二他所教[六]勸請；三无所了知；四根本執著，謂三毒蔽心猛利執著所起諸業；五顛倒分別，謂勝无罪所引[七]惡業。於此五中後之二種若作若增長，非不受異熟，以思重故；前三雖作而不增長，不必受異熟，以思維[八]故。此言作者，謂起作諸業令其現行。增長者，謂令習氣展轉增益[九]。由此但說故思業唯

校注

【一】「不」，《大正藏》作「無」。【二】「未依」，《大正藏》作「依未」。【三】「未入」，唐本作「入未」，中有倒乙符。【四】「業」，《大正藏》無。【五】「弟」，《大正藏》無。【六】「教」，《大正藏》無。【七】「引」，《大正藏》作「行」。【八】「維」，《大正藏》作「輕」。【九】「益」，《大正藏》作「長」。

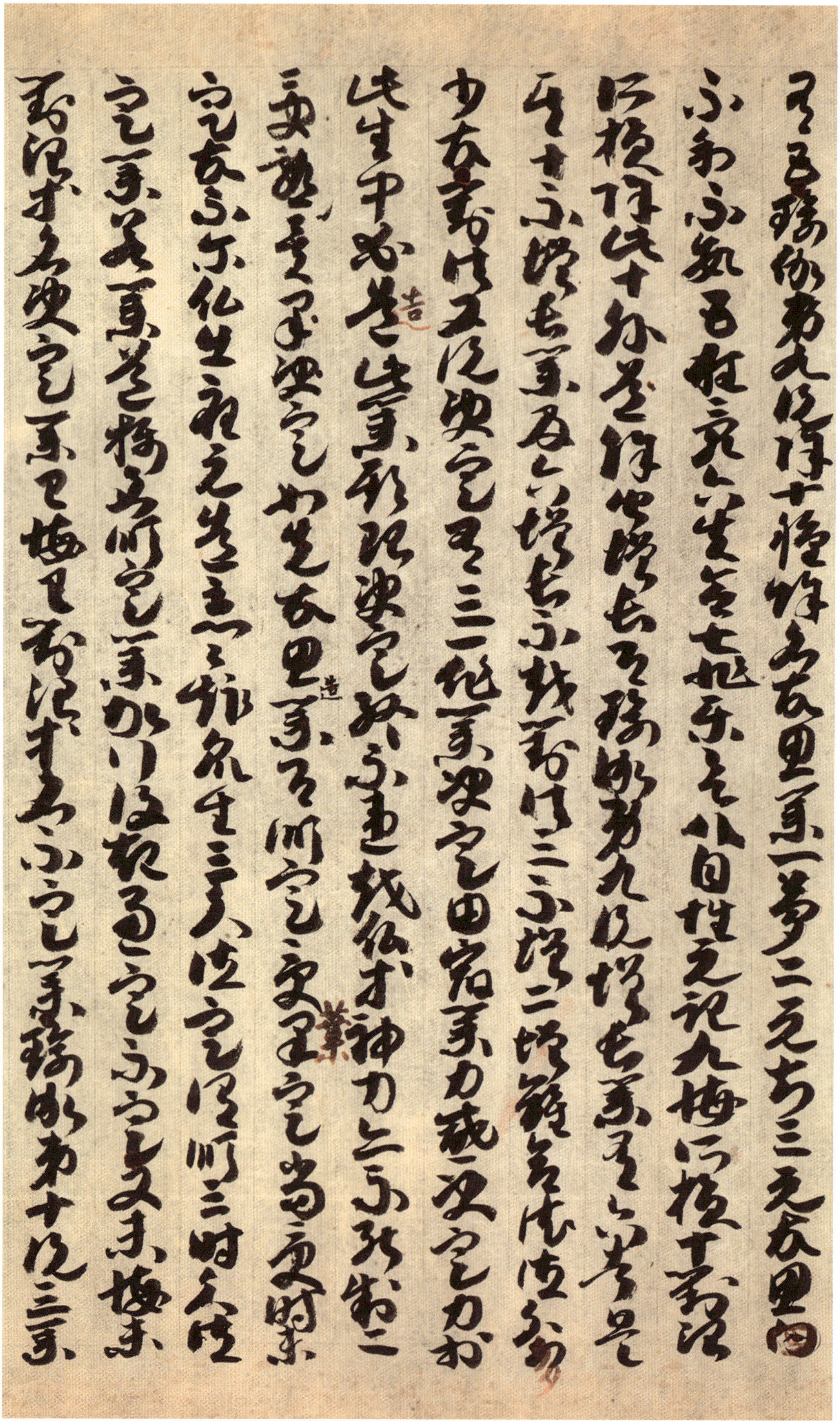

六二

有五。《瑜伽》弟九説除十種，餘名故思業[二]：一夢，二无知，三无故思，四[二]不利不數，五狂亂，六失念，七非樂欲，八自性无記，九悔所損，十對治所損。除此十外[三]，餘皆增長。即《瑜伽》弟九説增長業有六者是。

其十不增長業[四]及六增長，不越《對法》三不增、二增，離合依位分多[五]少故。《對法》又説决定有三：一作業决定，由宿業力感决定力[六]，於此生中必造[七]此業，期[八]限决定終不違越，仏等神力亦不能制[九]；二受異熟[一〇]定如先故思造業[一一]即順定受業[一二]，果定當受時未定故，不尔，仏出應无造惡惡趣衆生；三分位定，謂順三時分位定業，若業道攝[一三]名順定業，加行、後起通定不定。又未悔未對治等名决定業，已悔已對治等名不定業。《瑜伽》弟十説三業：

校注

【一】「業」，《大正藏》無。【二】「四」，係朱筆校改。【三】「外」下，唐本有「道」，點删。【四】「長業」，《大正藏》無。【五】「多」，唐本原作「别」，朱筆校改作「多」。【六】「力」，《大正藏》作「身」。【七】「造」，唐本原作「道」，朱筆校改作「造」。【八】「期」，《大正藏》作「朝」。【九】「制」，《大正藏》作「救」。【一〇】「異熟」，唐本作「熟異」，中有倒乙符。下有「果决」，點删。【一一】「如先故思造業」，《大正藏》無。「造」，唐本用小楷補。【一二】「業」，唐本朱筆補。【一三】「攝」下，《大正藏》有「者」。

順現順生順後更兼第七後四業一受報定二時分定三二俱定
四二俱不定唯後出後四隨三時及不定前攝第九後已攝順
三時及不定報定能兼後定七劫勝斷第九後慕後亡緊且止
故今觀音名號護遣因何悔犯無始大罪言之釋言生不譯
長及不定業可以轉無無三時決定業及報定時不定者
但能令轉輕無異生無報者云先已可此業報隨業生由
持能故爲人所得先是後業已爲消盡由此從而不生無文
與前惡能使推摩羅隨由何羅隨爲現業之果故爲世何撥文
隨此如是羅漢得一處子自得子女英之是初見生人不能爲後播能
以懿無決定生業如前不桃況更受前生能犯人前不定者

順現、順生、順後受業。弟十六[一]說四業：一異熟定，二時分定，三二俱定，四二俱[二]不定。《唯識》亦說四，謂三時及不定。《顯揚》弟九說五種，謂順三時及受報定、作業決定。皆如《瑜伽》弟九略纂[三]說，恐繁且止。故念觀音良緣濨[四]潤，自心悔愧苦惱皆脫。亦有釋言，其不增長及不定業可得轉烕；其三時決定業及報定時不定者，但能令輕非[五]烕盡。《金剛般若》云：「先世罪業應墮惡道，由持經故爲人輕淺[六]，先世罪業即爲消烕，當得菩提。」不云全烕。又《賢愚經》殃[七]掘摩羅雖得阿[八]羅漢，爲現業有果故爲火所燒。又說迦毗[九]羅城除一童子，自餘男女盡是初果聖人，不應爲彼瑠離[一〇]所煞[一一]。其決定造業，仏尚[一二]不排，況受果耶。在解脱人名不定者，

校注

【一】「十六」，《大正藏》作「六十」。【二】「俱」，唐本形似「治」，釋從《大正藏》。【三】「纂」，唐本形似「慕」，釋從《大正藏》。【四】「濨」，《大正藏》作「滋」，字同。【五】「非」下，《大正藏》有「全令」。【六】「淺」，《大正藏》作「賤」。【七】「殃」，《大正藏》作「鴦」。【八】「阿」，唐本形似「何」，釋從《大正藏》，後不再注。【九】「毗」，《大正藏》作「毘」，字同。【一〇】「離」，《大正藏》作「璃」。【一一】「煞」，《大正藏》作「殺」，字同。【一二】「尚」，唐本作「當」，據《大正藏》改。

況不定性乘隨此之亦能得名為菩薩一切不善者何義更學
既在初二果亦善未果是亦前後異何妨二乘羅漢中亦說
然其之乘亦羅漢者之增般一切更持漢羅一切不更異者亦無者
已見羅漢者決定乘未生般了如何無了一切不乘十地仁之義
根定二能乘定法弘鐵神仁亦彼羅者見自亦發悔悔之亦
入者之者乘根果決定能悔悔之一切之不定之異仁何羅者能也亦能
悔中能入羅究竟見之地分仁羅之不更根之標不書化有
不能悔覺亦為入者之者決定之乘根由此乘根果為羅仁果乘埵上
化他見羅是能能之更他見之羅悔是之乘決定見為乘能埵見亦化佳化
之不乘者悟羅悔是乘亦不定但有法乘能悔能是之法根伏有更

六三二 依不定業說。此亦不然。若得阿羅漢一切不善盡，何業受果
六三三 耶？在初二果不善未盡，不郭[一]彼果，何妨亦受。《般若經》中不說
六三四 戚盡乱心輕[二]微者，至誠[三]懇切受持彼經一切不受。若不尔者，
六三五 五无間罪皆决定業，未生怨[四]王如何悔已一切不受？《十地論》云「一[五]感
六三六 報定、二作業定，諸仏威神所不能轉」者，說自不發悔愧之心，不
六三七 入聖[六]道者，業[七]果决定，非悔愧已可名定業。《法句經》言：「非空非
六三八 海[八]中，非入巖穴間，无有地方所，脱之不受報[九]。」亦據不逢仏菩薩
六三九 等起悔愧心而入道者决定業報。由此《業報差別經》說：「若業增上
六四〇 心作无慙无愧，作已更作无心改悔，是業决定。若業非增上心作，雖作
六四一 惡業常懷慙愧，是業不定。」但知諸業非悔非道之所損伏，可有

校注

【一】「郭」，《大正藏》作「障」，古通。【二】「輕」，《大正藏》無。【三】「誠」，唐本作「城」，據《大正藏》改。【四】「怨」，唐本「煞」，據《大正藏》改。【五】「一」，唐本小字補寫。【六】「聖」，唐本原作「惡」，小楷校改作「聖」。【七】「業」下，唐本有「報」，點刪。【八】「海」，唐本作「悔」，據《法句經》及《大正藏》改。【九】「報」，《大正藏》作「難」，《法句經》作「死」。

二重子發懺悔之重子二之初先說法懺悔及何所說懺悔重分說報
者時所住處初二子七方便所空向所從罪從尚為名修集子
時名字所從又色色發安因發以懺悔入善男子業方便得色
色發之以懺悔二不入重方重法任之不能加以所護持懺悔經
得道初罪子子報業在初罪子不能又能說於大乘懺悔經切除二發
重先業說中大乘勸發經除懺之不能經何所從一切所重修
是說經能業子方不等法能經人方子唯勿於一至何所空文
之懺悔及佛所說諸此業業者因證便之何業重所由此大方初
從而善能因此降依而已　既子善能觀是說五觀書者
於二之乘二子別者尼經名七說量七集人二初三重九風三
重後四雖空此初中生大小佛說偈云名一切不攝然涅槃方之也

受果；被損便无受果之義。然經説指鬘及阿羅漢猶受業報[一]者，時猶住凡或初、二果，今身必定得[二]阿羅漢果[三]從[四]當爲名，非受果時名阿羅漢。又遇良緣，要自發心，悔愧入[五]道，罪業方排。雖遇良緣，无心悔愧亦不入聖，乃至諸仏亦不能轉。迦[六]毗羅城釋種被煞，雖得初果，別報業在初果不排。又非聽聞大乘悔愧懇切深心，故受先業；脫聞大乘勵懇深悔亦不被煞。得阿羅漢一切不受，設有被煞非業果故。不尔，指鬘煞人滿千唯少於一，云何得聖[七]？又无悔愧及伏斷戚諸罪業者，有情便无得受聖期。由此故知初説爲善，應同《涅槃》《瑜伽》爲正。經「若有持是經」[八]至「名觀世音」。

賛曰：下弟二別顯有厄稱名皆脫。有七段，分二：初三，火、水[九]、風三灾；後四，雜灾。此初也。火[一〇]大小俱能[一一]傷，念名一切不燒。水[一二]深方可

校注

【一】「報」，《大正藏》作「果」。【二】「定得」，唐本作「得定」，中有倒乙符。【三】「果」，《大正藏》無。【四】「從」，唐本小楷補。【五】「入」下，《大正藏》有「聖」。【六】「迦」，唐本小楷補。【七】「聖」，唐本形似「金」，釋從《大正藏》。【八】「經」，《大正藏》無。【九】「水」，唐本作「各」，據《大正藏》改。【一〇】「火」，唐本形似「失」。【一一】「能」，《大正藏》無。【一二】「水」，唐本原作「各」，校改作「水」。

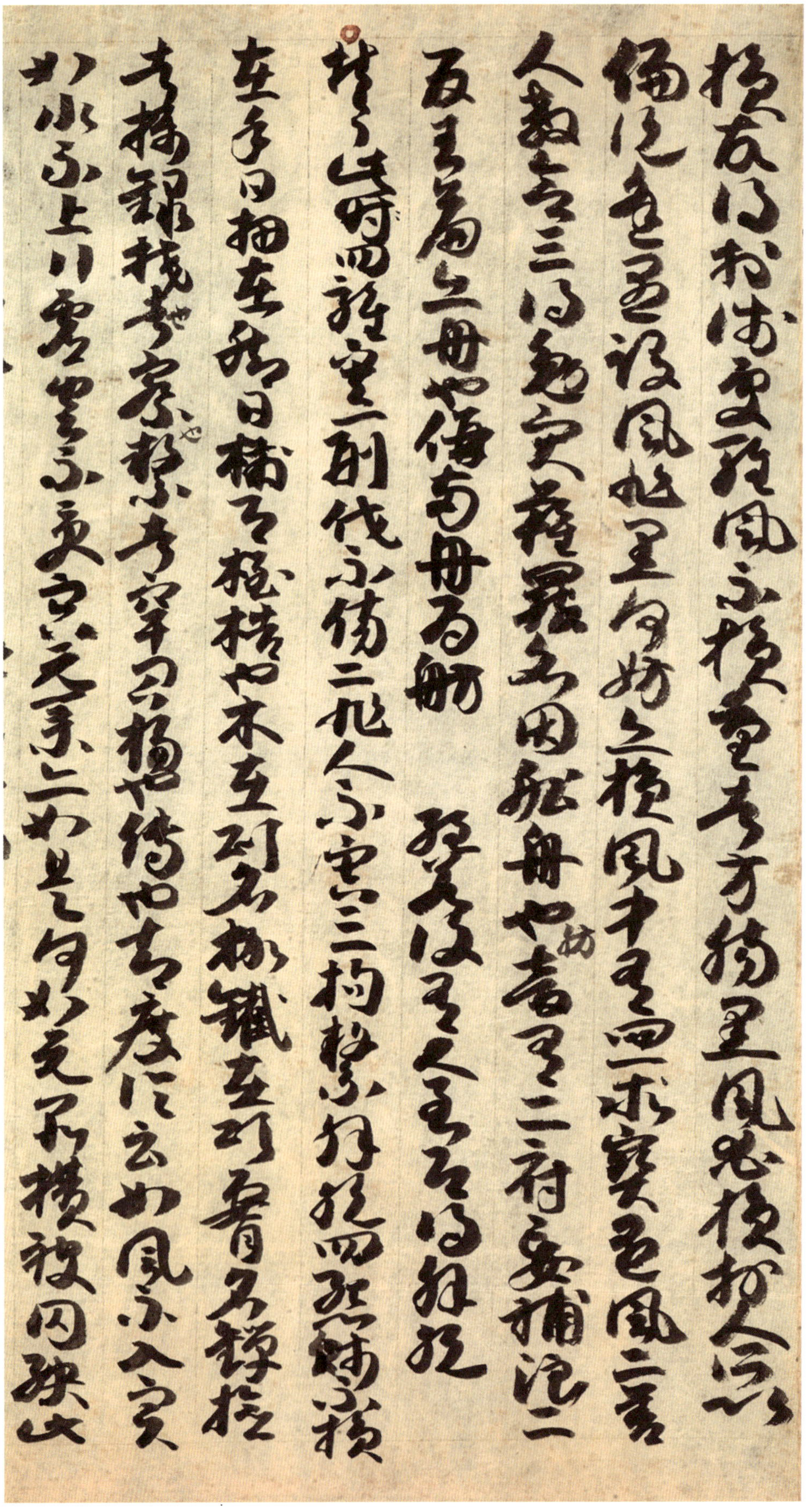

六五二 損，故得於淺處。輕風不損，重者方傷[二]，黑風必損於人，所以

六五三 偏說逢遇，設風非黑，何妨亦損。風中有四：一求寶遇風，二善

六五四 人教念，三得勉[二]灾難，四結[三]名因。船，舟也。舫[四]，音有二，府妄[五]、補

浪二[六]

六五五 反，《玉篇》「亦舟也」。併兩舟爲舫。經「若復有人」至「即得解脱」。

六五六 賛曰：此[七]四雜灾。一刑伐[八]不傷，二非人不害，三撿[九]繫解脱，四怨賊不

損。

六五七 在手曰杻，在脚曰械，即桎梏也。木在項名枷，鐡[一〇]在項、胥名鎖[一一]。撿

六五八 者，攝録，挍也[一二]，察也[一三]。繫者，窂閇[一四]，拘也，縛[一五]也。《智度論》云：

「如風不入實，

六五九 如水不上行，虚空不受害，无業亦如是。」何如[一六]无罪横被囚殃？此

校注

【一】「傷」，唐本作「膓」，據《大正藏》改。【二】「得勉」，《大正藏》作「免」。【三】「結」，唐本右旁不清，釋從《大正藏》。【四】「舫」，唐本小字補。【五】「妄」下，《大正藏》有「反」。【六】「二」，《大正藏》無。【七】「此」下，唐本有「時」，點刪。【八】「伐」，《大正藏》作「罰」。【九】「撿」，唐本作「拘」，據六五七行及《大正藏》改。【一〇】「鐡」，《大正藏》作「鐵」，字同。【一一】「鎖」，唐本右部似「單」。【一二】「也」，唐本原作「者」，校改作「也」。【一三】「也」，唐本小字補。【一四】「閇」，《大正藏》作「閉」，字同。【一五】「縛」，唐本形似「傳」，釋從《大正藏》。【一六】「何如」，《大正藏》作「如何」。

擾親近也不他身為見示死生之示他身為見示生害時之協
癡之人又復愚迷於物窮究之始是才示攝癡至於因生之協癡
故志其根思惟不復中罪四一癡難受二勸念身三境所罷
故其攝前癡出化其身害之眾一業攝名曰發得大聖威時眾生
童人為惡業時中是時念昔獨善業王拘田梨破國於沉之中
釋女之生於瑠璃王惡業一時自投深坑佛說不聽前三時力故
男人稱名憶念之者並蒙解脫獲其男人一觀解脫蓋
饒益　經是大無盡意觀之如是　贊曰此結歎神威大能
經是故衆生常應心念　贊曰此文第二勸依心念觀稱
淨第二勸觀三業以結威神是業三惡化彼依一切根性宏也
威衣　經若有女人念菩薩者　贊曰此第業福德心念是明道

六六〇 據現在也[一]不作名爲无罪，非先不作名爲无罪[二]。火宅頌言「謗
六六一 經之人，若他反[三]逆[四]，抄刧竊[五]盗，如是等罪，横羅其殃。」由先謗經
六六二 故知有作[六]。怨賊不損中有四：一經難處，二勸念名，三依命，四解
六六三 脱。《首楞嚴經》云[七]，仏告堅意：有一藥樹名曰烕除。大軍鬬時有无
六六四 量人爲毒箭所[八]中，是時良醫持藥王樹用塗鼓面，於衆人中
六六五 擊[九]之出聲，无量毒箭一時自拔。諸仏菩薩住首楞嚴三昧力故，
六六六 有人稱名憶念之者，无量罪垢自然除烕，如一醍醐能愈
六六七 衆患。經「无盡」[一〇]至「巍巍如是」。賛曰：結告威神。巍巍，大貌。
六六八 經「若有衆生」至「常應心念」。賛曰：此意業歸依，以他心通觀心拔
六六九 濟。有二：初觀三意，後結威神。且夙三毒，非唯尔所，一切煩惱念皆
六七〇 烕故。經「若有女人」至「菩薩名号」。賛曰：此身業歸依，以天眼通

校注

【一】「也」，《大正藏》無。【二】「名爲无罪」，《大正藏》無。【三】「反」，《大正藏》作「返」，古同。【四】「逆」，《大正藏》作「逆」，字同。【五】「竊」，唐本「穴」下，右旁上少「卜」，乃「竊」之俗字。【六】「作」，《大正藏》作「罪」。【七】「云」，《大正藏》無。【八】「所」，《大正藏》無。【九】「擊」，唐本原字不清，旁補「擊」。【一〇】「盡」下，《大正藏》有「意」。

觀音根深淨業二初觀二別業故於福勤持非唯爾業且為智種
果　經無盡意至福德之利　○贊曰第二校量持名功德
校量文四一問二答三問四答此初本以校量六十二恒河沙佛此喻
云六十二恒河沙菩薩此二解一云顯是於諸菩薩菩薩為為能校得
得一佛一校菩薩足如十地經中但一一地義校量彌勒觀音亦分然
量諸佛菩薩亦不亦爾為佛功德少故菩薩二二云依位之下盡觀音
名已集佛亦稱菩薩則故亦為菩薩何得不然如本以以觀音
等佛功德圓具故無量壽一切佛身光勢力故便是物機隨諸
隨類然校菩薩以類隨緣佛之無邊界二經無生於彼然果三

六七一 觀色拔濟。有[一]二：初觀二身業，後結福勸持。非唯尔業，且逐情

六七二 乑。經「无盡意」至「福德之利」。賛曰：第三挍量持名功德

六七三 勝劣。有四：一問，二答，三成，四結。本論挍量六十二恒河沙仏，此經復

六七四 云「六十二恒河沙菩薩」。此有[二]二解。一云，經是論錯。菩薩、菩薩而爲比挍，何

六七五 得以仏以挍[三]菩薩？只如《十輪經》中但以地藏比量弥勒、文[四]殊、觀音，亦不比

六七六 量諸仏。若不尔[五]者，應仏功德少於菩薩。二云，依論亦不[六]爽。觀音

六七七 久已成仏，不捨菩薩行故示爲菩薩，何得不比如來？只如觀音

六七八 成仏，功德國土勝无量壽，一切仏身豈勝劣耶[七]？故知[八]但是勸信之語。

六七九 雖經比挍菩薩，論解設比諸仏，亦无過咎。二俱无失。論解成中有二

校注

【一】「有」上，《大正藏》有「拔濟」。【二】「此有」，唐本作「有此」，中有倒乙符。【三】「以挍」，《大正藏》作「比量」。【四】「勒文」，唐本小字補。【五】「不尔」，唐本作「尔不」，中有倒乙符。【六】「不」，《大正藏》作「無」。【七】「耶」，唐本小字補。【八】「知」，唐本小字補。

顯一信力二章意者信力是二一求願等如觀音章意信故得
求願六十二億恒河沙等觀音信心是是以求無量為多少
除雜功德無有因心等故之是量二校福無有二若生菩薩所
修功德之章以校信如彼觀音等之已其佛校者重功德顯示
十二億恒河沙佛之章意以此德功德信報菩薩功德示意交
是信力初示觀境多少殊勝但信心等觀境多少雖殊功
德是等菩薩信心之是量二校福是量等二章意者無漏
之者所得多故出由觀音已以章意者得多故是佛是意殊
修得多等是等之二校其福等得多是得入地菩薩除之一切佛菩
等等等等校等等等章得生如得等是之受持觀音者名書

六八〇 釋[一]：一信力，二畢竟知。信力有二：一求我身如觀音，畢竟信故。謂
六八一 求我六十二億恒河沙仏身与觀音，信心无異，所求聖數多少
六八二 雖殊，功德无別，因心等故。亦无有二，故福无別[二]。二者生恭敬心。如
六八三 彼功德，亦[三]畢〔竟〕[四]得故。謂如彼觀音身久已成仏，故智恵功德。我六
六八四 十二億恒河沙仏亦畢竟得此諸[五]功德，信仏菩薩功德不異故。此二
六八五 是信力。初不觀境多少勝劣但信心等，觀[六]境多少雖殊，功
六八六 德无別，恭敬信心亦无有二，故福无別。弟二畢竟知者，決
六八七 定知法界故。此由觀音已得畢竟知法界，故与仏无異。能
六八八 證法界平等无二，故成福等。法界即法性，入初地菩薩能證一切仏菩薩
六八九 等平等身故，平等身者，謂真如法身[七]。是[八]受持觀世音[九]名号[一〇]，

校注

【一】「釋」，唐本作「擇」，據《大正藏》改。【二】「亦无有二，故福无別」，《大正藏》無。【三】「亦」上，《大正藏》有「我」。【四】「竟」，唐本無，據後文及《大正藏》補。【五】「諸」下，《大正藏》有「佛」。【六】「觀」上，《大正藏》有「後」。【七】「身」下，《大正藏》有「況十地滿」。【八】「是」下，《大正藏》有「故」。【九】「世音」，唐本作「音世」，中有倒乙符。【一〇】「号」，《大正藏》無。

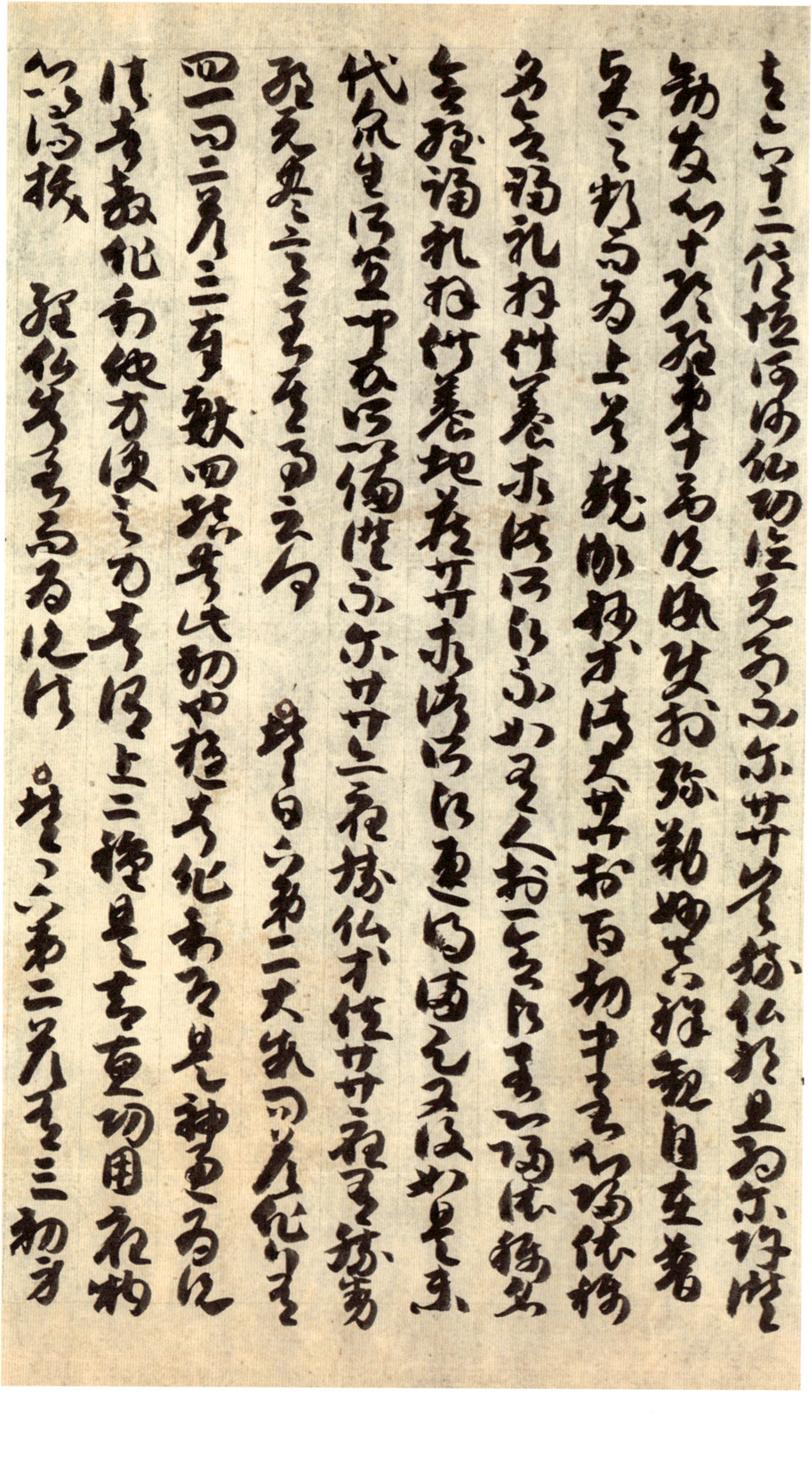

六九〇 与六十二億恒河沙仏功德无别。不尔，菩薩豈勝仏耶？且約[一]尔許讃

六九一 勸發心。《十輪經》弟一[二]弓說：「假使於弥勒、妙吉祥、觀自在、普
六九二 賢之類而爲上首，殑伽[三]沙[四]等諸大菩薩，於百刧中至心歸依稱
六九三 名，念誦礼拜供養求諸所願，不如有人於一念頃[五]至心歸依，稱名
六九四 念[六]誦、礼拜供養地藏菩薩，求諸所願速得滿足。」又復如是末
六九五 代衆生[七]所宜聞故，所以偏讚。不尔，菩薩亦應勝仏，等位菩薩應有勝劣。
六九六 經「无盡意」至「其事云何」。賛曰：下弟二大段問答化行。有
六九七 四：一問，二答，三奉獻，四結告。此初也。「遊」者自[八]利，即是神通。
「爲說
六九八 法」者，教化利他[九]。「方便之力」者，謂上二種是智恵功[一〇]用，應物
六九九 心以濟拔。經「仏告」至「而爲說法」。賛曰：下弟二答。有三：初身

校注

【一】「約」，《大正藏》作「將」。【二】「一」，唐本作「十」，據《大乘大集地藏十輪經》《大正藏》改。【三】「殑伽」，印度恒河。【四】「沙」，唐本作「妙」，據《大乘大集地藏十輪經》《大正藏》改。【五】「頃」，唐本作「願」，據《大乘大集地藏十輪經》《大正藏》改。【六】「念」下，唐本有「經」，點刪。【七】「生」下，《大正藏》有「於諸有緣」。【八】「自」，唐本作「化」，據《大正藏》改。【九】「利他」，《大正藏》作「他利」。【一〇】「功」，《大正藏》作「巧」。

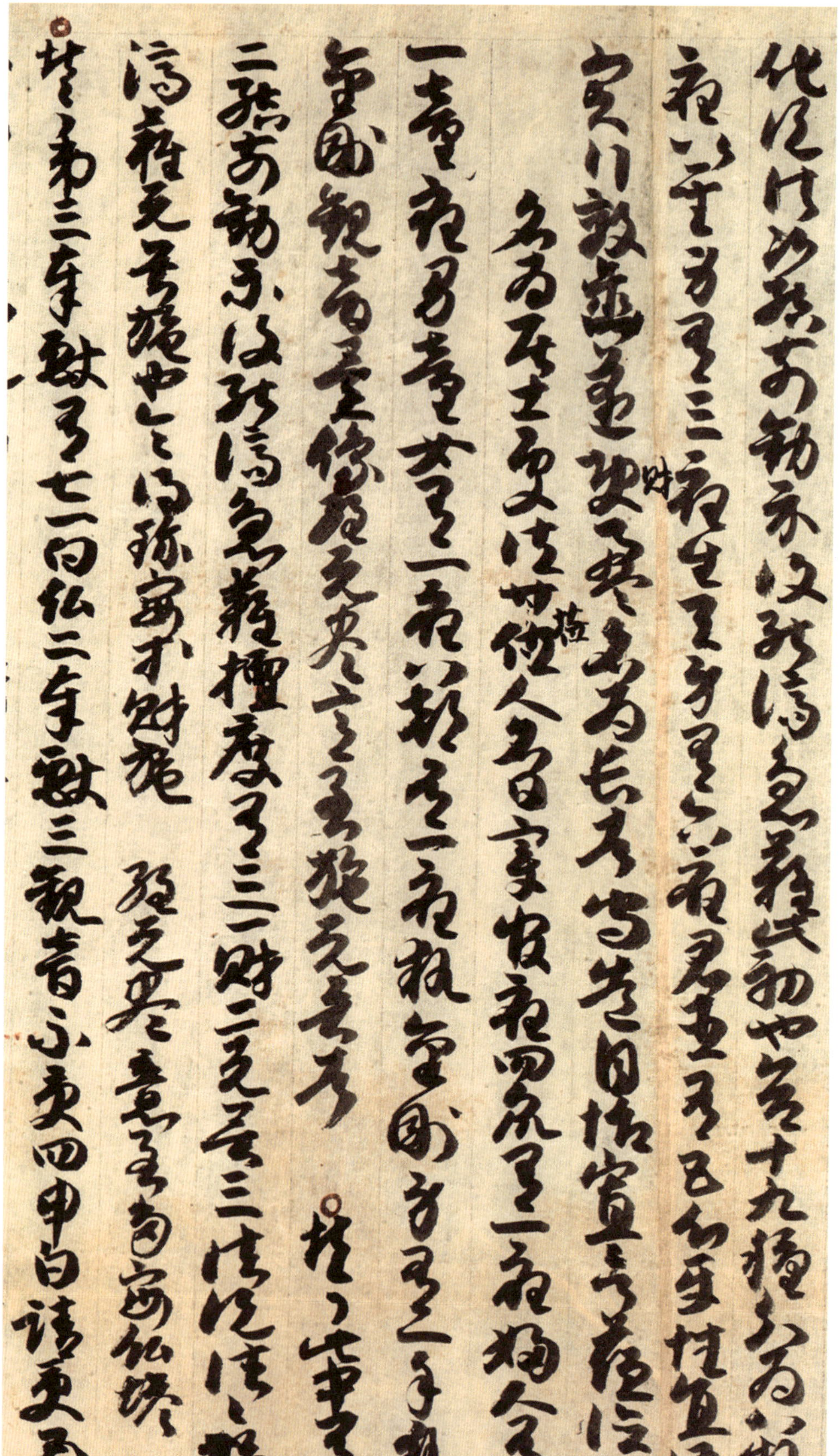

七〇〇

化說法，次結前勸示，後能濟急難。此初也。合十九種分爲八類：

七〇一 應以[一]聖身有三，應生[二]天身有六，應君臣有五，心平性直、語

七〇二 實行敦、齒邁財[三]盈，名爲長者。守造[四]自恬、寡欲蘊德，

七〇三 名爲居士。處位莅[五]人，名曰宰官。應四衆有一，應婦人[六]有

七〇四 一，應童[七]男童女有一，應八部有一，應執金剛身[八]有一。手執

七〇五 金剛，觀音異像。經「无盡意」至「施无畏者」。賛曰：此中有

七〇六 二，結[九]前勸示，復[一〇]能[一一]濟急難。檀[一二]度有三：一財，二无畏，三〔說〕[一三]

法。說法，法施[一四]；

七〇七 濟難，无畏施也；令得珎寶等，財施[一五]。經「无盡意」至「多寶仏塔」。

七〇八 賛曰：弟三奉獻。有七：一白仏，二奉獻，三觀音不受，四申白請受，五

校注

【一】「以」，《大正藏》無。【二】「生」，《大正藏》無。【三】「財」，唐本原作「决」或「既」，校改作「財」。【四】「造」，《大正藏》作「道」。

【五】「莅」，唐本原寫「艹位」，點删之，並補寫。【六】「人」，《大正藏》作「女」。【七】「應童」，唐本作「童應」，中有倒乙符。

【八】「身」，《大正藏》作「神」。【九】「結」上，《大正藏》有「一」。【一〇】「復」，《大正藏》無。【一一】「能」上，《大正藏》有「二」。

【一二】「檀」，唐本似「擅」，「扌、木」旁，草書易混。「檀」字無「擅」之異體，亦不通假，故從文義釋録。下不再注。【一三】「說」，據《大正藏》補。【一四】「施」下，《大正藏》有「也」。【一五】「施」下，《大正藏》有「也」。

佛勸供養觀音受之七難離散善福薩道故難順道理
故生信心故求菩薩名為法施示受見三十身長二法示三難離
已乘法心行已示受大乘難行誦之　菩薩展轉持
此手名難持　受者難縮手　難勝法已說　以是言亦難之
是陀便藥重　二受者言義也　藥重法已受
三請問難佛二說言難者名為同和受者名生和是故甘心為
受之陀四眾故為受之者一會之證二乞答川授者陀故為
陀之　難色者言要安深去者　贊曰第四難者也
難示付已名為觀音者　贊曰下重明有名川二為示二初
一問同後問名別答此初也但問名因善普化川　難見元初
第三難難誠疑答　贊曰此佛告中示四初二三一標注經

七〇九 仏勑令受，六觀音受之，七轉施供養。福[一]難遇故，施順道理

七一〇 故，真正行故，求菩薩[二]故，名爲法施。不受有三：一少欲，二法尔，三轉

施。

七一一 恐乖彼心，所以不受。《大疰嚴論》偈言[三]：「若能展手施，

七一二 此手名嚴勝，受者能縮手，嚴勝復過彼。若言我施与，

七一三 是語價難量，受者言我足，難量復[四]過彼。」

七一四 《天請問經》仏亦說言：「施者名得利，受者名失利。」是故菩薩不爲

七一五 受之。愍四衆故，爲受之者，一令隨喜，二令學行。拔苦惱故，名爲

七一六 愍之。經「无盡意」至「娑婆世界」。賛曰：弟四結告也。

七一七 經「尔時」至「名爲觀世音」。賛曰：下重頌前名、行二義。分二：初

七一八 一頌問，後廿五頌答。此初也。但問名因，并[五]答化行。經「具足妙相

七一九 尊」至「能戚諸有苦」。賛曰：下仏告。中分四：初三[六]揔摽許說，

校注

【一】「福」下，《大正藏》有「田」。【二】「菩薩」，《大正藏》作「菩提」。據《說無垢稱經》卷二「法施祠」一段經文，當改。【三】「言」，《大正藏》作「曰」。【四】「復」，《大正藏》作「更」。【五】「并」，《大正藏》作「兼」。【六】「三」下，《大正藏》有「頌」。

後十二頌答名因後三頌答化行後七頌勸讚此初分三初一頌
敘答總標後方顯答名行業後頌說因行弘深誓
長劫服行不思議也後一頌結勸若行目證心念不空除苦
顯滅故　頌文與長行之意或時闕補敘　經曰火坑
二頌正答名因分九一頌火難一頌水難二頌山難二頌刀難一
頌杻械難一頌咒詛毒藥難禁也菩薩云咒謂禁呪等自咒詛
詛也梵人以毒詛呪於言語咀嚼也非此義如說詳請勸勸
至毒經云瘡瘍鬼神黃布人後令及檢七之一頌非人難二頌
亡毒獸難一頌乙獸難雲雷雹雨壞字為雲雷掣

次十二頌[一]答名因，次三頌答化行，後七頌歎德勸歸。此初。分三：初一頌敘答揔摽應諸方所名、行雙説，次一頌談往因行、發願，逢緣長劫修行不思議[二]也，後一頌許陳名、行。耳目所[三]經，心念无謬，定能烕苦。經「假使興害意」至「應時得消散」。贊曰：此十二頌正答名因。分九：一除火難，一除水難，二除山難，二除刀難，一除拘繫[四]難，一除詛詈難。祝，屬[五]也，以善惡之辭相屬曰祝[六]。詛，阻也，使人行事阻限於言，有作咀，咀嚼也，非此義。如巧醫師初動其病後令痊瘉[七]，故初著夲人後令發勝意。一除非人難。二除惡獸難。一除天灾難。雲雷鼓，雲[八]雷鼓西域呼爲雲聲。掣

校注

【一】「頌」下，《大正藏》有「正」。【二】「議」下，《大正藏》有「行」。【三】「所」，《大正藏》作「曾」。【四】「繫」，《大正藏》作「摯」。【五】「祝屬」，《大正藏》作「呪囑」。「屬」、「囑」古通。【六】「屬曰祝」，《大正藏》作「囑曰呪」。【七】「瘉」，《大正藏》作「癒」。【八】「雲」，《大正藏》無。

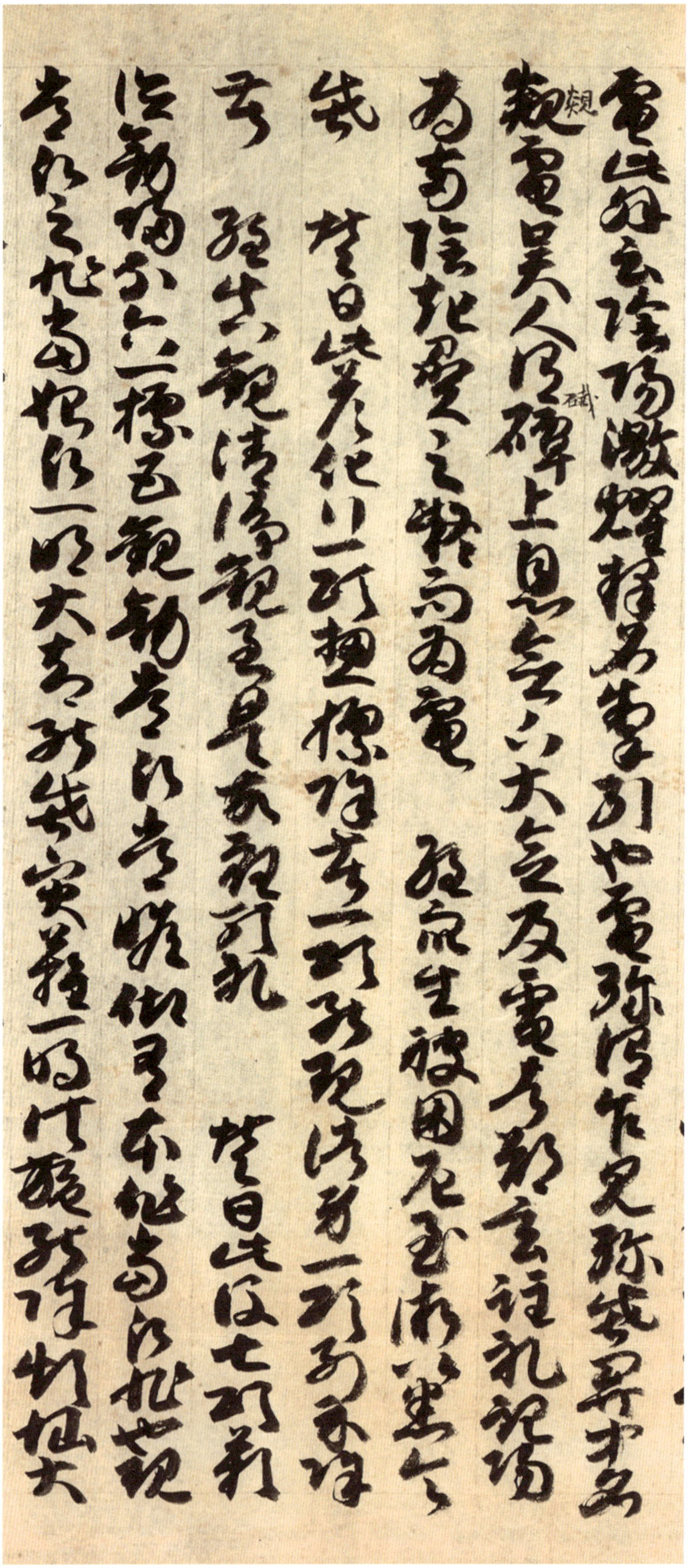

七二九 電，此[一]解云陰陽激燿[二]。《釋名》[三]：「掣，引也。」「電，殄[四]。」謂乍

見[五]殄滅。開[六]中名

七三〇 覞[七]電，吴人謂礷磹[八]。上息念〔反〕[九]，下大念反[一〇]。霅[一一]者，鄭玄註[一二]

《礼記》：「陽

七三一 爲雨[一三]，陰起[一四]脅[一五]之，凝而爲雹[一六]。」經「衆生被困厄」至「以漸[一七]悉令
七三二 烕」。賛曰：此答化行。一頌摠標除苦，一頌能現諸身，一頌別示除
七三三 苦。經「真觀清浄觀」至「是故應頂礼」。賛曰：此後七頌歎
七三四 德勸歸。分六。一標五觀勸常[一八]願常瞻仰[一九]。有夲作當願[二〇]，非也，現
七三五 常願之，非當始願。一明大智能烕灾難。一明法施能除煩惱。大

校注

【一】「此」下，《大正藏》有「方」。【二】「燿」，《大正藏》作「耀」，字同。【三】「名」下，《大正藏》有「云」。【四】「殄」，唐本形似「弥」，左旁「歹」渾似「弓」。右旁「㣺」作「尔」，乃古寫。《大正藏》與《釋名》確作「殄」。「殄」下，《大正藏》有「也」。【五】「見」下，《大正藏》有「即」。按，此句，《釋名》爲「乍見則殄滅」。草書寫卷中「即」「則」每混用。【六】「閞」，《大正藏》作「闢」，字同。【七】「覢」，音「閃」，《説文》：「暫見也」。唐本原字不確，旁小楷補之。【八】「礶礰」，音「現電」，電光也。「礰」，《大正藏》作「礰」。「礶」，唐本小楷補之。【九】「反」，唐本無，據《大正藏》補。【一〇】「反」，唐本形似「及」，釋從《大正藏》。【一一】「雹」，唐本作「電」，誤，據《大正藏》改。【一二】「註」，《大正藏》作「注」，字同。【一三】「雨」，形似「兩」，釋從《大正藏》。【一四】「起」，《大正藏》作「氣」。【一五】「脅」，唐本作「賚」，據《禮記正義》《大正藏》改。「賚」，財也。【一六】「雹」，唐本作「電」，誤，據《禮記正義》《大正藏》改。【一七】「以漸」，唐本作「漸以」，據經本及《大正藏》乙正。【一八】「常」，《大正藏》無。【一九】「仰」，《大正藏》無。【二〇】「願」，《大正藏》無。

七三六

悲制戒如似雷震，言驚動[一]也。《方言》：戒，備也。古文[二]誡。慈意

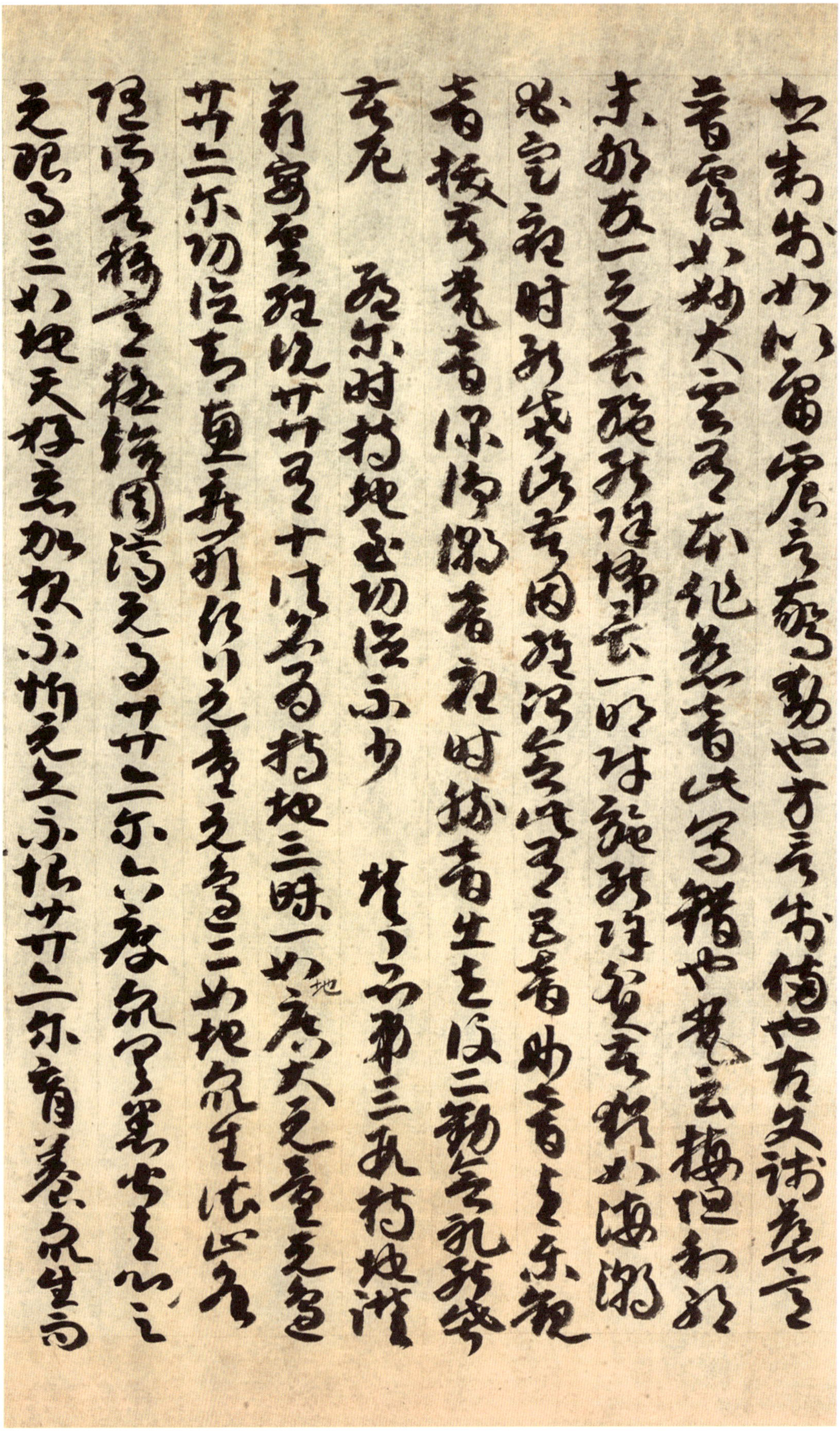

普覆如妙大雲。有夲作慈音[三]，此寫錯也，梵云梅怛利耶[四]末那故。一无畏施，能除怖畏。一明財施能除貧苦，猶如海潮必定應時，能威諸苦。因經治[五]念此有五音：妙音与樂，觀音拔苦，梵音深浄，潮音應時，勝音出世。後二勸念礼能威苦厄[六]。經「尔時持地」至「功德不少」。賛曰：品弟三段持地讃歎。《寶雲經》説[七]，菩薩有十法名爲持地三昧。一如地[八]廣大无量无邊；菩薩亦尔，功德、智恵、莊嚴、願行无量无邊。二如地衆生依止，各隨所欲稱意拯[九]給周濟无㝵；菩薩亦尔，六度衆具悉皆[一〇]与之心[一一]无限㝵。三如地天[一二]好惡加報不忻无亦不[一三]恨；菩薩亦尔，育養衆生而[一四]

校注

【一】「驚動」，《大正藏》作「警勸」。【二】「文」下，《大正藏》有「作」。【三】「音」下，《大正藏》有「者」。【四】「梅怛利耶」，《大正藏》作「梅呾利」。【五】「治」，《大正藏》作「起」。【六】「厄」下，《大正藏》有「也」。【七】「説」，《大正藏》無。【八】「地」，唐本小楷補之。【九】「拯」，唐本作「極」，據《大正藏》改。【一〇】「悉皆」，《大正藏》作「皆悉」。【一一】「之心」，唐本作「心之」，中有倒乙符。【一二】「天」，《大正藏》作「無」。當是寫經者將「无」之「乚」作捺所致耳。【一三】「亦不」，《大正藏》無。可能係注文竄入正文，參見《法華經文句輔正記》卷十、《法華五百問論》卷三引文。【一四】「而」，《大正藏》作「如」。

亦望報因如地之注雲雨普定更亦法轉菩薩之亦一切法化
眞大如雲普潤法雨如天從空而宗轉已如地一切草
木菜林及之宗生外依生而出世亦菩薩亦爾一切衆生依
止菩薩三乘修菩薩因菩薩而意出如地一切種子依生菩薩亦爾
一切善衆生人種子依菩薩而得生長亦如地能生一切衆生寶
亦爾功德善寶亦一切衆生出生菩薩如地生衆物菩薩能除衆病
菩薩亦爾能生一切行菩薩能除一切法病熱病九如地風亦能鎔鎚
鍛亦能靈接菩薩亦爾一切內外法藥遍照亦能捶動十如地場子
嗜亂諸鳥雷電亦能驚怖菩薩亦爾一切外道魔九十五種得亦
能動了此十分菩薩名得地地之三八種之名得地我順得十地

不望報。四如地天注雲雨普[一]容受无[二]不堪持；菩薩亦尔，一切諸仏興大悲雲普澍法雨，如其所説悉能容持。五如地一切草木藥[三]林及与衆生行住坐卧皆悉依之；菩薩亦尔，一切衆生脩行善趣、二乘學法、涅槃，皆因菩薩而有。六如地一切種子依生；菩薩亦尔，一切善業天人種子皆依菩薩而得生長。七如地能出一切衆寶；菩薩亦尔，功德善寶一切樂具皆出菩薩。八如地出衆妙藥能療衆病；菩薩亦尔，能出一切法藥，能除一切諸煩惱病。九如地風不能動，蠅[四]蚋蜂[五]蜎[六]不能虧損；菩薩亦尔，一切内外諸緣逼惱不能擾動。十如地師子哮吼龍為[七]雷電不能驚怖；菩薩亦尔，一切外道九十五種所不能動。具此十事，菩薩名[八]持地三昧，持[九]地三昧故名[一〇]持地。或脩持十地

校注

【一】「普」下，《大正藏》有「皆」。【二】「无」，唐本小楷補。【三】「藥」，《大正藏》作「叢」。《大般若波羅蜜多經》卷五百七十五：譬如世間卉木、叢林、藥物、種子，一切皆依大地生長。【四】「蠅」，《大正藏》作「繩」。【五】「蜂」，唐本小楷補，右部作「逢」，當是「夆」之變，通「蜂」。【六】「蜎」，唐本小楷補，《大正藏》作「蝎」。【七】「為」，《大正藏》作「象」，字同。【八】「名」下，《大正藏》有「為」。【九】「持」上，《大正藏》有「為」。【一〇】「名」下，《大正藏》有「為」。

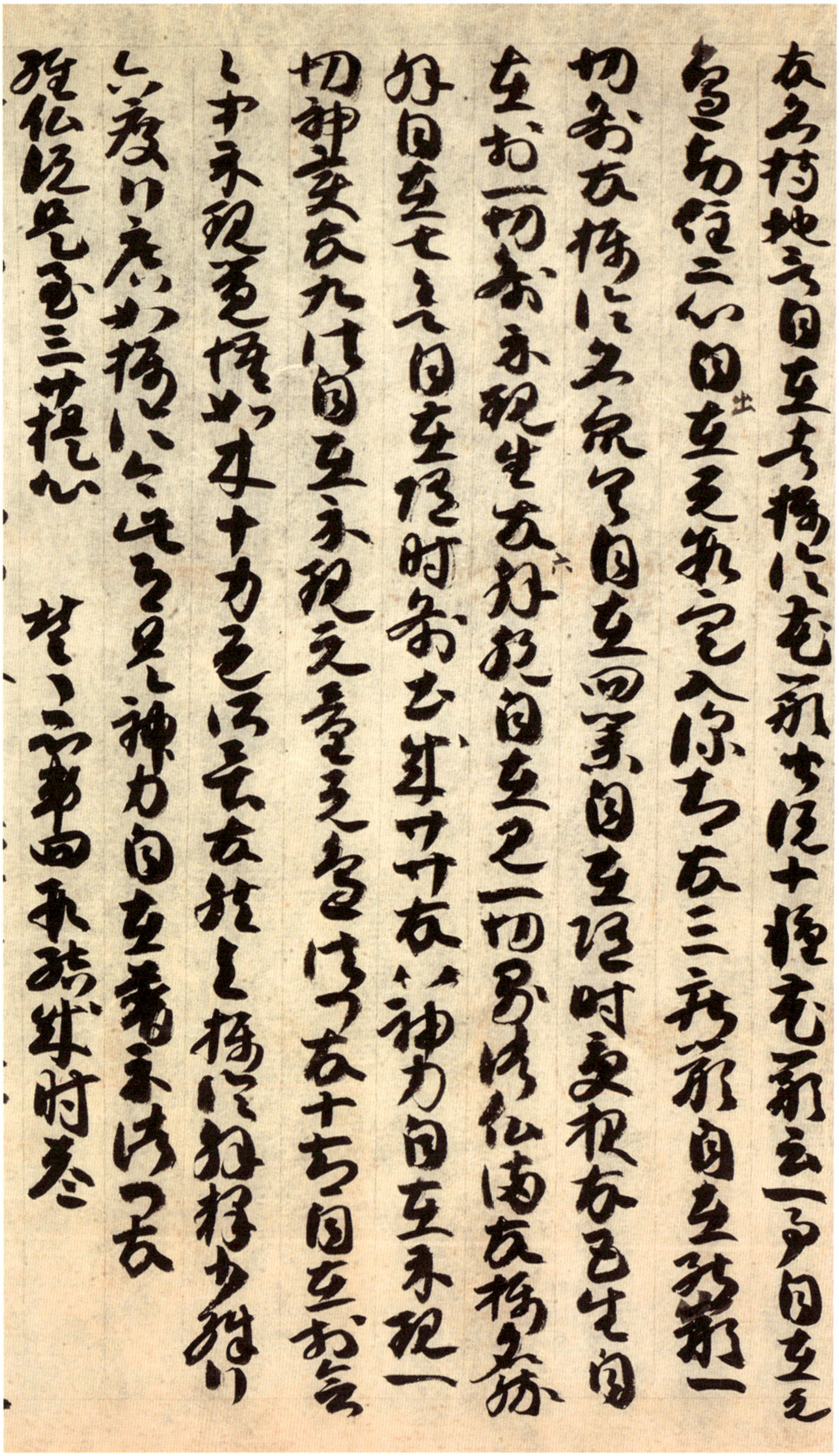

七五六

故名[一]持地。言自在者，《攝論》、《花嚴》皆説十種。《花嚴》云：一壽[二]

自在，无邊刼住[三]。二心自在，出[四]无數定入深智故。三荘嚴自在，能嚴一切刹[五]故；《攝論》名衆具自在。四業自在，隨時受報故。五生自在，於一切刹示現生故。六[六]解脱自在，見一切界諸仏滿故；《攝》[七]名勝解自在。七欲自在，隨時刹土成菩提[八]故。八神力自在，示現一切神變故。九法自在，示現无量无邊法門故。十智自在，於念念中示現覺悟如來十力无所畏故。然与《攝論》解釋少[九]殊。行六度行[一〇]，廣如《攝論》。今此即是[一一]神力自在，普示諸門故。

經「仏説是」至「三菩提心」。賛曰：品[一二]第四段結成時益。

校注

【一】「故名」，《大正藏》作「名為」。【二】「壽」，唐本作「事」，據《大日經義釋演密鈔》卷九、《攝大乘論本》卷三、《大正藏》改。

【三】「住」下，《大正藏》有「故」。【四】「在出」，唐本作「出在」，據《大日經義釋演密鈔》卷九、《大正藏》乙正。【五】「刹」，《大正藏》作「剎」，字同。「刹」下，《大正藏》有「土」。【六】「六」，唐本小楷補。【七】「攝」下，《大正藏》有「論」。【八】「菩提」，唐本作「菩薩」，據《大日經義釋演密鈔》卷九、《大正藏》改。【九】「少」，《大正藏》作「小」。【一〇】「行」，《大正藏》作「得」。【一一】「是」，《大正藏》無。【一二】「品」，《大正藏》無。

陀羅尼品　三門分別：一來意，二釋名，三解妨。來意有
云為護流義，如前已釋。名者，梵云陀羅尼，此云總持。含
直為護，以少略容易故，文字神力所持，識重善，遮排邪
殊之揩正，稱蓋咒陀羅尼，此品明之，咒名陀羅尼。解妨者何總
持書而為持法義并辭，是乃釋如上說。問：此說何故在上
本長行名法義持，今此咒持為法要二行，明之所以之生
思總持　　經：爾時藥王至功德甚多　　贊曰：文分三
初明持經之福，次明神咒之方，後明時衆獲益。此初有三：初
問、後答。問中有三：一總問，二直問，三結問。　經：爾時藥王至

《阤[一]羅尼品》。三門分別：一來意，二釋名，三解妨。來意者，論云「爲護衆[二]難」，如前已釋。釋名者，梵云阤羅尼，此云揔持，念、惠爲體，以少略[三]密无義文字，神力加持威靈莫疋[四]，摧邪殄惡、樹正揚善，故［名］[五]阤羅尼。此品明之，故名阤羅尼[六]。解妨者，

問：揔持有四，爲得法、義、弁才、詞无㝵解，如上[七]說四，此說何者？答：上來長行名[八]法、義持，今此呪持，爲護前二，所以明之。明[九]得无生忍，揔持[一〇]。經「尒時藥王」至「功德甚多」。賛曰：文[一一]分三：初明持經之福，次明神呪之方，後明時衆獲益。此初。有二：初問，後答。答中有三：一返問，二直答，三仏說。經「尒時藥王」至

校注

【一】「阤」，俗字，同「陁」。《大正藏》作「陀」，字同。【二】「衆」下，《大正藏》有「生諸」。【三】「略」，唐本右下折轉多，形似「瞻」，釋從《大正藏》。【四】「疋」，《大正藏》作「匹」，字同。【五】「名」，唐本無，據《大正藏》補。【六】「尼」下，《大正藏》有「品」。【七】「上」，《大正藏》作「次」。【八】「名」，《大正藏》無。【九】「明」，《大正藏》作「無」。【一〇】「持」下，《大正藏》有「也」。【一一】「文」上，《大正藏》有「品」。

急口誦之　贊曰此前神咒之中有毘沙門名為三段初二
重頌之文後十神咒初重頌有四一標二說三顯擁四結陀　經
尒時多聞擁護是說咒也　贊曰第二重頌有四初標二說
三正說四結擁　經尒時持國天王說是咒已　贊曰
第三初標次說後結擁此云東方中四天王之東方
之天也若護法者　經尒時持國天王說是咒已　贊曰
第三天王有三初標次說後結擁此名東方天王　經尒
時有羅剎女等名如是持咒　贊曰此十神女七一標又二讚
說三正說四勸自擁護持已更說偈嘆果報六請護七結陀
擁有三初標護次正說後勸護　經說是咒已者生

「多所饒益」。賛曰：下明神呪之方。有[一]五，合爲三類：初二聖，次二天，後十神。此初聖。有四：一摽，二説，三結勝，四仏讃。經「尔時勇施」至「是諸仏已」。賛曰：弟二聖。有四：初摽，二切能，三正説，四結勝。經「尔時毗沙門」至「无諸衰患弟一[二]」。賛曰：初[三]文有三：初摽，次説，後結勝。毗沙門者，此云多聞，四天王天[四]中北方之天也，常讃仏法。經「尔時持國」至「是諸仏已」。賛曰：弟三[五]天王。有三：初摽，次説，後結勝。此即東方[六]天王。經「尔時有羅刹女」至「如是法師」。賛曰：此十神。有七：一摽名，二請説，三正説，四勸勿惱法師，五更説偈喻罪，六請身護，七仏讃揚。有三：初揔讃，次別讃，後勸讃。經「説是陁羅」[七]至「无生

校注

【一】「有」，唐本原作「常」，校改作「有」。【二】「弟一」，《大正藏》無。【三】「初」上，《大正藏》有「下二天中」。【四】「天」，《大正藏》無。【五】「三」，《大正藏》作「二」。【六】「方」，《大正藏》作「面」。【七】「羅」下，《大正藏》有「尼」。

法忍　贊曰此第三段時眾獲益

妙莊嚴王本事品第廿七　三門分別一來意二釋名三解妨來

意有二一者依前功德勝力者妙莊嚴王品來顯此明菩薩勝

德所因國土之善功德勝力迴邪見父之王得為其之化現

此由法德功德之力能使各發菩提時會發此本二者妙音

品明德法華語明妙音品得三昧因此品得法德二三昧之妙莊嚴王

可是德法未得三昧已有為妙莊嚴王未善邪見之明二子勸從

父王為義者後可善知識以示教人之弘此經故此品來釋名

者莊嚴為王妻王妙莊嚴待之修實迴邪入正勝行實有為莊理

故名妙莊嚴王宿世因緣故名本事解妨者問此品正明得菩薩

七六四 法忍」。贊曰：品第三段時衆獲益。
七六五 《妙庄嚴王夲事品》廿七[一]。三門分別：一來意，二釋名，三解妨。來
七六六 意有二：一者論云「功德勝力者，《妙庄嚴王品》示現」。此明〔淨〕[二]藏、
淨眼持
七六七 《法花經》，因圓道著，功德勝力迴邪見之父[三]王，得當來之仏記，
七六八 皆由《法花》功德之力。說彼夲緣利益時會，故此品來[四]。二者[五]《妙音
七六九 品》明花德菩薩請問妙音所得三昧，因此自得法花三昧。今妙庄嚴王
七七〇 即是花德，未得三昧已前爲妙庄嚴，夲著邪見。今明二子勸說
七七一 父王爲善知識，不簡怨親，以示衆人令弘此經，故此品來。釋名
七七二 者，在俗爲王[六]貴，[七]妙珎倚以餙[八]容；迴邪入正，勝法寶而營[九]體，
七七三 故名妙庄嚴王。宿世因緣，故名夲事。解妨者，問：此品正明淨藏、淨

校注

【一】「廿七」，係小字。《大正藏》無。【二】「淨」，唐本無，據《大正藏》補。【三】「之父」，唐本作「父之」，據《大正藏》乙正。【四】「品來」，唐本作「來品」，中有倒乙符。【五】「者」下，《大正藏》有「前」。【六】「爲王」，《大正藏》作「皇」。【七】「貴」下，唐本有「王」，點删。【八】「珎倚以餙」，《大正藏》作「珍綺以飾」。「珎」同「珍」。「餙」乃「飾」之俗字。【九】「營」，《大正藏》作「瑩」。

眼爲善知識故示爲名利惡田功德殊因迴邪入正妙莊嚴前
子作二子攝此爲善友父令捨邪住處入正故又爲現神變妙莊嚴前
之善知識是善友以爲善友又淨藏淨眼即藥王藥上已明藥王
又藥上名爲善友不說之　經爾時彼佛至而無愛見
贊曰下文分四一說本事二又告之三勸人詢訊四歸等經
初文復四一說時二標佛三明菩薩四二子四爲新田諸比初二也
經彼佛法中菩薩二名淨眼
贊二上爲道　贊曰下三明菩薩子　經爾時二子
贊曰下第四明母田勸說四一說勸二子往
二明時佛說法三時淨藏淨眼二子往父所勸王同往時一國付
勸六生求教卷此初分三初標其福事何第者七三四以第

眼爲善知識，何故不以爲品名耶？答：由功德勝，迴邪入正，妙莊嚴[一]身非二子故，雖爲善友，父藉功德身入正故。又前花德即妙莊嚴，欲會彼身，故以爲品。又淨藏、淨眼即藥王藥上，已[二]明藥王，恐題名重[三]故不説之。經「尔時仏告」至「劫名喜見」。賛曰：品文分四，一叙本緣，二會今古，三勸人歸礼，四結成衆益。初文復四：一叙時，二摽仏，三明菩薩父子，四廣顯由緒。此初、二也。經「彼仏法中」至「二名淨眼」。賛曰：三明菩薩父子。經「是二子」至「亦悉通達」。賛曰：下第四廣明由緒。分四：一讚二子之德，二明時仏説法，三「時淨藏淨眼」下二子化父，四「其王即時以國付弟」下出家獲益。此初。分三：初摽成福智，次別列四德，後列[四]七定。四德者，

校注

【一】「嚴」下，《大正藏》有「王」。【二】「已」上，《大正藏》有「前」。【三】「重」，《大正藏》作「濫」。【四】「四德後列」，唐本小字補。

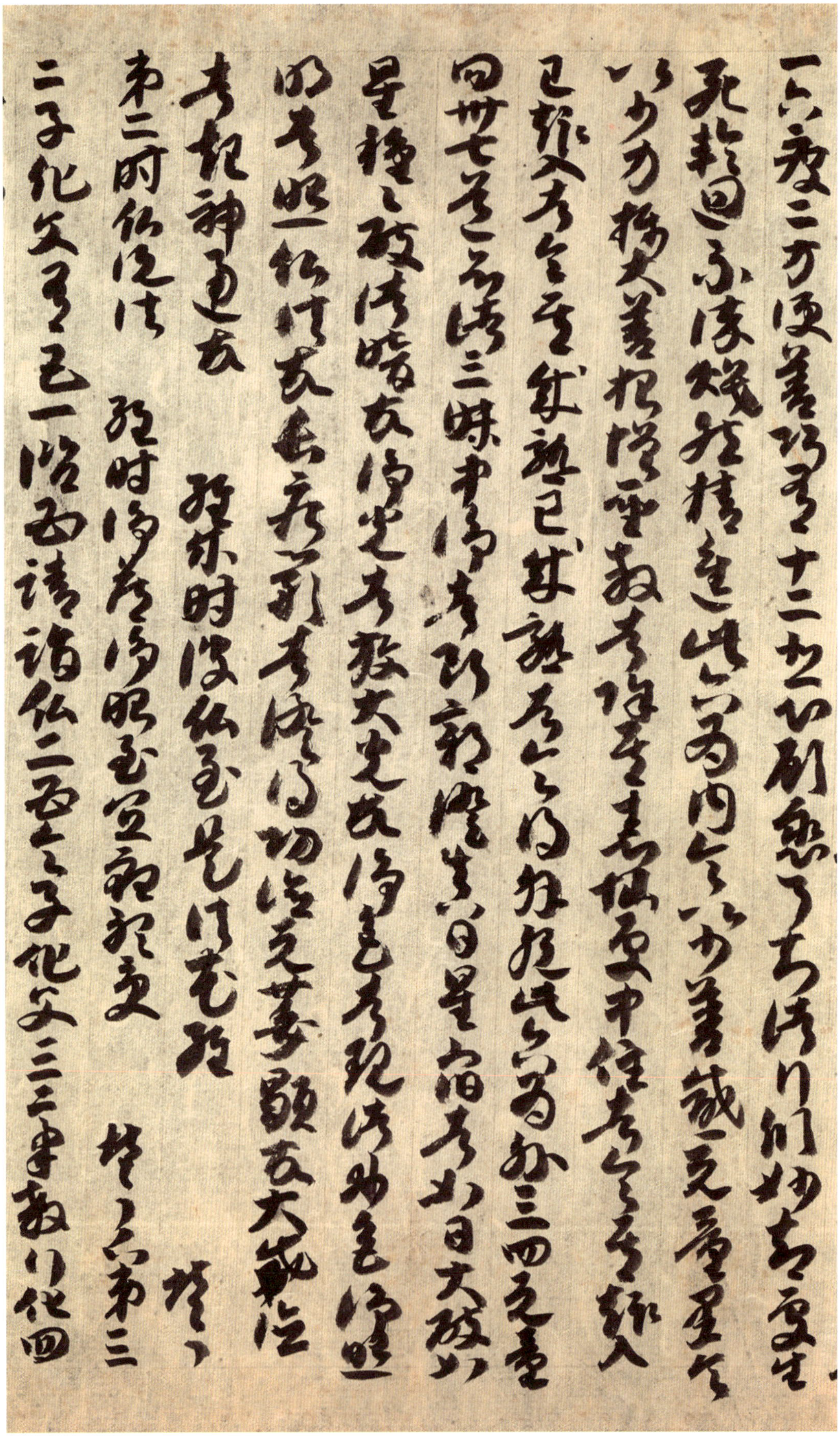

八〇四

一六度，二方便善巧，（有十二。悲心顧戀、了知諸行、欣〔佛〕[二]妙智、

處[二]生
八〇五 死輪迴不染、熾然精進，此六爲内。令以少善感无量果[三]，令
八〇六 以少[四]力攝大善根，憎聖教者除其恚惱，處中住者令其趣入，
八〇七 已趣入者令其成熟，已成熟者令得解脱，此六爲外。）三四无量，
八〇八 四卅七道品。諸三昧中浄者，斷鄣證真[五]。日星宿者，如日大破，如
八〇九 星種種破諸暗故。浄光者，放大光故。浄色者，現諸妙色[六]。浄照
八一〇 明者，照仏法故。長莊嚴者，證得功德无萎顥[七]故。大威德
八一一 者，起神通故。經「尔時彼仏」至「是法花經」。賛曰：
八一二 弟二[八]時仏説法。經「時浄藏浄眼」至「宜應聽受」。賛曰：下[九]弟三
八一三 二子化父[一〇]。有五：一諮[一一]母請詣仏，二母令子化父，三稟[一二]教行化，四

校注

【一】「佛」，唐本無，據《大正藏》補。【二】「處」上，《大正藏》有「常」。【三】「果」，唐本作「里」，據《大正藏》改。【四】「少」，《大正藏》作「小」。【五】「真」下，《大正藏》有「故」。【六】「色」下，《大正藏》有「故」。【七】「顥」，《大正藏》作「歇」。【八】「二」下，《大正藏》有「明」。【九】「下」，《大正藏》無。【一〇】「父」，唐本形似「文」，釋從《大正藏》。【一一】「諮」，《大正藏》作「啟」。【一二】「稟」，唐本形似「稟」，釋從《大正藏》。

彼時妙莊嚴王後宮八萬四千人皆悉往詣佛所爾時彼佛為王
說法示教利喜此初有二初標後釋示者示修習正教化示
又非標字者善為指也制也示之權物曰標雅教同非指示
經曰先子言之叶隨去　贊曰二段之子化父　經淨藏
淨眼至此說是出家　贊曰第三章教行化多九一二子根生
法七根為請生以為道法之九白說諸佛此和也　經曰彼母先子言之
二段之之文三明之之化四又見豈同毛二子早元之以文法之
佛心　贊曰二段之之文　經於是二子至心淨信行　贊曰
第三明之行化初標後釋後孫　經時父見子至家是第子
其曰第四文見豈同第毛二子早元　經父復子言至成家之
家　贊曰第六標之注第七根之為之請之生之第二初根又信心

「彼時妙荘嚴王後宮八万四千人」下信心歸仏，五「尔時彼仏爲王説法」下仏應導利。此初。有二：初標，後釋。爪，音側絞[一]反，正應作爪。又作抓字[二]者，《玉篇》：搯[三]也，刮也。爪之搔物曰抓，雖聲同，非指爪。經「母告子言」〔至〕[四]「与共俱去」。賛曰：二母令子化父。經「浄藏浄眼」至「此邪見家」。賛曰：弟三稟教行化。有九：一二子恨生，二母令念父，三順言即化，四父見喜問，五二子具答，六父陳欲往，七報母請出，八母遂許之，九白親詣仏。此初也。經「母告子言」至「仏[五]所」。賛曰：二母令念父。經「於是二子」至「心浄信解」。賛曰：弟三順言行化。初標，次釋，後結。經「時父見子」至「我是弟子」。賛曰：弟四父見喜問，弟五二子具答。經「父語子言」至「願聽我出家」。賛曰：弟六〔父〕[六]陳欲往，弟七報母請出。報母請〔出〕[七]有二：初報父信心，

校注

【一】「絞」，《大正藏》作「挍」。【二】「字」，《大正藏》無。【三】「搯」，同「掏」。《大正藏》作「掐」。【四】「至」，唐本無，據《大正藏》補。【五】「仏」上，《大正藏》有「往至」。【六】「父」，唐本無，據八一九行及《大正藏》補。【七】「出」，唐本無，據上下文及《大正藏》補。

後請生處覺曉者空生表　贊曰孔鶴性多是前方亦號
鸚鵡毒蛇白衣性多富貴力不如生處功德勝十種波羅蜜精
加惠性慕條根發清惠鮮潔時放光明清淨惠根勝
精進清淨善因此二子清淨生家　經母告子先言時二義
也　贊曰有二為遊汝之有九白觀詣佛所三初標請次釋請
復孫請　經彼時妙莊嚴王亦好樂佛法　贊曰子化父中有四
往詣佛所三初明誘導二子善化從諸人請詣佛此初二句
其是羣中有四一臣屬二淨眼三淨藏四夫人　經於是妙
莊嚴王至卻住一面　贊曰此諸人詣佛
明　贊曰二子化父中亦有五仏正程若有四一仏善說法至

八二五 後請出家。出家寬曠，喻空[一]。故[二]契經說：「孔鶴[三]雖有色嚴身，不如鴻
八二六 鵠[四]能遠飛，白衣雖有富貴力，不如出家功德勝。」《十輪經》說「瞻博
八二七 迦花雖萎悴，猶勝諸花鮮潔[五]時，破戒惡行諸苾蒭，獨[六]勝
八二八 精進諸外道。」由此二子請母出家。經「母即告言」至「時亦難
八二九 遇」。贊曰：第八母遂許之，第九白親詣仏。有三：初摽請，次釋請，
八三〇 後結請。經「彼時妙莊嚴王」至「好樂仏法」。贊曰：子化父中第四
八三一 信心歸仏。有三：初明道器堪成，二[七]子善化，後諸人請[八]詣仏。此初、二
也。
八三二 道器成中有四，一後宮，二净眼，三净藏，四夫人。經「於是妙
八三三 莊嚴王」至「却住一面」。贊曰：此諸人詣仏。經「尔時彼仏」至「放大光
八三四 明」。贊曰：二子化父中，下第五仏應導利。有四：一仏善說法，二王

校注

【一】「喻空」，《大正藏》作「喻虛空也」。【二】「故」，《大正藏》作「如」。【三】「鶴」，《大正藏》作「雀」。【四】「鵠」，《大正藏》作「鶴」。

【五】「潔」，《大正藏》作「潔」，字同。【六】「獨」，《大正藏》作「猶」。【七】「二」上，《大正藏》有「次」。【八】「請」，《大正藏》無。

勸讚歎三王信仏道回何說其此初二也　經爾時彼為王
示切法如是　贊曰有三王信仏道有回仏之因之說之事之有
初因後說之中有之初因二種三因回初已成之尊
經至王之時得莊嚴三昧　贊曰夜明因緒中有四生家
教養具之六一生家二明了得之三昇空白仏前之夜條已之堂
證得之後已為生此初二也　經乃昇虛空高七多家
證曰有三昇空白仏有三初昇空二正白後結前　經爾時
雲雷音宿得善知識　贊曰有四前已夜條有三初明宿因
方是善友次釋善友有益之若以前善友二子之因此初也
經至善知識發三菩提心　贊曰此釋善友有益之數有
二初顯示教利喜令其修學後顯令得見仏友菩提心因

解珠施，三王念仏色，四仏[一]問記成。此初、二也。經「尔時妙荘嚴王」至「功德如是」。賛曰：弟三王念仏色，弟四仏問記成。仏問記成中，初問，後記。記中有六：初因，二體，三國，四刧，五衆，六土。經「其王即時」至「荘嚴三昧」。賛曰：廣明由緒中下弟四出家獲益。有六：一出家，二脩行得定，三昇空白仏，四[二]歎印廣陳，五下空讃願，六説已而出。此初、二也。經「即昇虚空」至「來生我家」。賛曰：第三昇空白仏。有三：初昇空，二[三]正白，後結歎。經「尔時雲雷」至「得善知識」。賛曰：弟四歎印廣陳。有三：初明宿因方遇善友，次釋善友利益之義，後彰善友二子之因。此初也。經「其善知識」至「三菩提心」。賛曰：此釋善友利益之義。有二：初彰示教利喜令證大菩提果，後顯令得見仏發菩提心因。

校注

【一】「仏」，唐本小楷補。【二】「四」，唐本小楷補。【三】「二」，《大正藏》作「次」。

善知識及菩薩地云親近善友者皆是無窮欽多由順修集證覺
是故思見佛言阿難乃名善友知求施和樂於正法至力善攝
饒益之不攝大悲見僧名為善友行化不容統滿國滿之以教爾
見佛見緣給留復攝深求令悟教種教於為說法是名善
友二可為依德者稱是稱更亦修行趣可得之亂順和亦集而勇
什物不可稱親時謂亦年乃向於之勤名為說在世尊發之善
知識者所謂佛菩薩辟支佛聲聞人中信方等者何故名為善知識耶
善知識者能教眾生遠離十惡修行十善以是義故名善知
識復次善知識者如法而說如說而行云何名為如法而說如說而行
自不殺生教人不殺生乃至自行正見教人行正見若能如是則
得名為真善知識善男子如空中月從初一日至十五日漸增

《善戒經》及《菩薩地》云：「親近善友者戒无穿缺。多聞、脩證、哀愍、无畏、堪忍、无侶[一]、言詞弁了，名善友相，求施利樂於[二]正知。有力、善權、饒益不捨、大悲无儻，名爲善友。所作不虛、威儀圓滿、言行敦肅、无侶无嫉、儉畜隨捨、諫乿令憶、教授教戒[三]、能爲說法，是名善友，可爲依信。有病无病愛敬供侍，翹問迎礼脩和敬業，四事什物不闕應時，詣[四]敬承事問聽无動，名爲親近。」《涅槃經》言：「善知識者，謂仏、菩薩、辟支仏、聲聞人中住方等者。何故名善知識耶？善知識者能教衆生遠離十惡，脩行十善，以是義故名善知識。復次善知識者，如法而說如說而行。云何名爲如法而說如說而行？自不煞生教人不煞生，乃至自行正見教人行正見。若能如是則得名爲真善知識。」「善男子！如空中月，從初一日至十五日漸[五]增

校注

【一】「侶」，《大正藏》作「倦」，字同。【二】「於」下，《大正藏》有「此」。【三】「戒」，《大正藏》作「誡」。【四】「詣」，《大正藏》作「謹」。「詣」，唐本右旁作「盲」（旨）。《漢語大字典》收「盲」，未收「詣」。【五】「漸」下，《大正藏》有「漸」。

長養善根者之一段也是之之修學之修菩薩法淨諸長善法依德所
能菩薩學於種善知識何以故為十一種令安住菩提心二種令修習善
根三種令究竟諸法波羅蜜四種令分別顯了一切諸法五種令安住成
熟一切衆生六種令堅忍世界中堅同於七種令不著一切衆生死
八種令於一切菩薩所以心足敬侍九種令安住普賢行十種令
深入一切智又善知識是父母能生長一切諸善根故又為醫藥
衆病故又為眼目照明能導明故又為日月照衆生出生死正道故乃
至成佛道是名化令見佛是名大緣令發無上大菩提心是立
大因由此因緣令得見佛發心名化化事　經大王汝見此二子不
贊曰此歎善友二子之因　經妙莊嚴王即從空中下

八五七 長；善知識者亦復如是，令諸學人漸遠惡法，增長善法。」依《花嚴
八五八 經》「菩薩有十種善知識。何等爲十？一能令安住菩提心，二能令脩習善
八五九 根，三能令究竟諸波羅蜜，四能令分別解説[一]一切法，五能令安住成
八六〇 熟[二]一切衆生，六能令具足弁才隨問能答，七能令不著一切衆[三]生死，
八六一 八能令於一切刧行菩薩行心无猒[四]倦，九能令安住普賢行等[五]，十能令
八六二 深入一切〔佛〕[六]智。」又善知識是我父母，生長一切諸善根故。又爲良藥，
療
八六三 衆病故。又爲眼目，眼[七]作導明故。又爲日月開照出世正道[八]路故。乃
八六四 至廣説是全梵行化令見仏，是名[九]大緣。令發无上大菩提心，是名
八六五 大因。由此因緣令證仏果，名作仏事。經「大王汝見」至「令住正見」。
八六六 賛曰：此彰善友二子之因。經「妙庄嚴王」至「如頻婆果」。

校注

【一】「説」，唐本作「脱」，據《大方廣佛華嚴經》卷三十六、《大正藏》改。【二】「熟」，《大正藏》作「熱」。【三】「衆」，《大正藏》無。【四】「猒」，字形見於五六六行。《大正藏》作「厭」。【五】「等」，《大正藏》無。【六】「佛」，唐本無，據《大方廣佛華嚴經》卷三十六、《大正藏》補。【七】「眼」，《大正藏》無。【八】「道」，《大正藏》作「覺」。【九】此行兩處「是名」，《大正藏》皆作「名是」。

贊曰此有二初明過去佛後明其友六行此初也紺青者晴
天青色也映以青紺其花葉為紅綠緣飾故云表青對
娑羅者色丹且潤故以為喻　經爾時彼佛前說法經云云
贊曰下有六行中初明說佛法後有六行明其修二種行
要也眾生喜見種眾生樂見為稱意故
贊曰第六說已為生　經彼佛法中有王名妙莊嚴　經其王夫人名淨德　贊曰下第二夫人
令吉　經是王夫人上有二子名淨藏　贊曰下第三二子勸令
說初明說後勸　經彼二子有是淨藏淨眼　贊曰下第四明其孫其
猶是藏法第九等云之所從般若二義相遵說難行由二滿故
淨藏淨眼淨德初果也
菩薩大丈夫勸友云　共六
三又分為一本言二種為三種物其言之者

賛曰：弟五下空讚願。有二：初讚五德，後發六願。此初也。紺，音古暗反，青赤色也。皎如青紺，蓮花葉故，紅緑[一]絞飾故言青赤[二]。頻婆果者，色丹且潤，故以爲喻。經「尔時妙庄嚴」[三]至「諸惡之心」。賛曰：下發六願中，初揔讚仏法，後別發六願。若教若誡二種所行處[四]皆悉安隱，衆生離惡而攝善友[五]。經「説是語已礼仏而出」。賛曰：弟六説已而出。經「仏告大衆」至「菩薩是」。賛曰：品[六]弟二段會今古。經「是藥王藥上」至「亦應礼拜」。賛曰：品弟[七]三段勸人歸礼，初歎，後勸。經「仏説是」至「得法眼浄」。賛曰：品弟四段結成勝益。《對法》弟九等云：「无間道能遠塵，解脱道能離垢，由二滿故，得法眼浄，證初果也。」

《普賢菩薩勸發品》廿八[八]三門分別：一來意，二釋名，三解妨。來意者，

校注

【一】「緑」，《大正藏》作「環」。【二】「青赤」，唐本作「赤青」，中有倒乙符。【三】「嚴」下，《大正藏》有「王」。【四】「處」下，《大正藏》有「所」。【五】「友」，《大正藏》作「故」。【六】「品」，《大正藏》作「下」。【七】「品弟」，唐本作「弟品」，據上下文乙正。《大正藏》作「下品」。【八】「廿八」，係小字。《大正藏》無。

修言修行力者普賢品及後二品示現護衆品佛自三周付囑
後修此品普賢勸發流通修行故此本品釋名者仁義重擬
曰賢從初周備名普此由內證一真如其萬德位位初周備位德
遍攝故名普賢義聖理極云一切如來體性如來普賢遍
圓體故由證普遍之實普義三理證修之名為普賢故亦
稱云普賢又另和法如如不法德圓因由證此普遍之賢理亦龍
三業不退所以名普賢此乃自勸為經名如說普賢勸發品
為發訓讀持普賢令修學之此名為勸發此乃他經所說之所明
普賢菩薩勸發修行持法入法又普賢菩薩勸發名猶如今
發普賢菩薩勸化修行聽示其所明修行之論一乘三業增進不

論云「護法力者，《普賢品》及後品示現」。《囑累品》仏自三周付囑護法，此品菩薩勸發衆人護法故，故[一]此品來[二]。釋名者，仁慈恵悟曰賢，德利周備名普，此由内證一真、外成万德，所以德利周備、仁慈恵悟，故名普賢。《般若理趣》云：「一切有情皆如來藏，普賢菩薩遍自體故。」由證普遍賢善之理，能證之道名爲普賢。故《花嚴》云：「普賢身相依於如如，不依仏國。」或由證此普遍賢理，外彰三業无所不賢，故名普賢，此乃自利德爲[三]名也。誘獎名勸、道[四]生爲發。訓誘獎導令信道[五]生，名爲勸發，此乃〔利〕[六]他德也。此品之中明普賢菩薩勸發信心持經入道，故名普賢菩薩勸發品。解妨者，何故普賢來勸，非餘來耶？答：欲明信順道證一乘，三業[七]措无不

校注

【一】「故」，《大正藏》無。【二】「品來」，唐本作「來品」，中有倒乙符。【三】「德爲」，唐本作「爲德」，中有倒乙符。【四】「道」，《大正藏》作「導」。【五】「道」，《大正藏》作「導」。【六】「利」，唐本無，據《大正藏》補。【七】「業」下，《大正藏》有「乱」。

是故

經爾時普賢菩薩至右繞七帀　贊曰下文分六初普賢

來勸二敘白中經三佛答四法四普賢大勸發護持勸五時眾

獲益此初文四一從東方來二行經之國三從來請問四明

禮佛經云普賢菩薩與無量無邊不可稱數從東方來普賢

菩薩一一毛孔各生諸佛諸佛各放諸菩薩遍滿十方以化眾生之明住

處下云從東方各飛一化身以顯足中眾生為化寂是為說

菩薩摩訶薩具十種業菩薩化一一於一佛國身不動而說一法

他方皆請說法二於一佛國不動而現一切佛國現受餘法三於

一佛國不動而現一切菩薩十方諸佛四於一佛國不動而現諸佛

示前菩提出之後乃已於一佛國不動而於一切佛國初成佛時

八八八 賢故。經「尔時普賢」至「右繞[一]七匝」。賛曰：品文分六：初普賢
八八九 來軌，二啓[二]白聞經，三仏告四法，四普賢勸發，五釋迦讚勸，六時衆
八九〇 獲益。此初。有四：一從東而來，二所經之相，三從來徒屬，四到已歸
八九一 礼。《花嚴經》云「普賢身相依於如如，不依仏國」，《智度論》云「普賢
八九二 菩薩一一毛孔，常出諸仏法[三]界及諸菩薩，遍滿十方以化衆生，无的[四]住
八九三 處。」今云從東方者[五]，就一化身所應見聞衆生爲論。《寶雲經》說：
八九四 「菩薩摩訶薩[六]有十[七]法名善能〔作〕[八]化。一於一仏國身不動，而能遍諸
八九五 仏刹諮請説法。二於一仏國不動，能遍一切仏國聽受深理。三於
八九六 一仏國[九]不動，能遍供養十方諸仏。四於一仏國不動，能遍諸仏國
八九七 荘嚴菩提悉皆滿[一〇]足。五於一仏國不動，而於[一一]一切仏國初成仏時

校注

【一】「繞」，《大正藏》作「遶」，字同。【二】「啓」，《大正藏》作「啟」，字同。【三】「法」，《大正藏》作「世」。【四】「的」，《大智度論》卷十作「適」。【五】「者」上，《大正藏》有「來」。【六】「薩」，唐本作「廾」。【七】「十」下，《大正藏》有「種」。【八】「作」，唐本無，據《寶雲經》卷七、《大正藏》補。【九】「國」下，唐本有「一」，據《寶雲經》卷七、《大正藏》刪。【一〇】「滿」，《大正藏》作「具」。
【一一】「於」，《大正藏》無。

坐於道場菩提樹下示修菩薩受說法以於一佛國不動
身身自身現一切佛前生於道場現身佛前亡於一佛國不動身
現一切佛前聽於法喜以於一佛國不動而現一切佛前入於無數劫於一佛
國不動而為一切佛前親受記寫現受身十方世界而無能神通
於一切十方佛前不能變化於不能神通之現諸衆生得殊勝現者
寫現之形此菩薩久已尊佛示現為世世勤修得之嚴
云隨同佛菩薩於法形而不權菩薩之菩薩是名菩薩以故
形日佛言善哉是法甚深　經等二頌白中言頌二初真言法
請檢得佛坐日法為難得識得足至如日頌得中國得生信明
故又佛在衆生甚難不爲而得是能安衆生一衆為甚重如

八九八 坐於道場菩提樹下，恭敬供養尊重讚歎。六於一仏國不動，
八九九 能以自身現一切仏土，坐於道塲[一]現成仏道。七於一仏國不動，能
九〇〇 現一切仏土轉於法輪。八於一仏國不動，能現一切仏土入於涅槃。九於一仏
九〇一 國不動，能爲一切仏土應受化者悉現其身。十菩薩得无作神通，
九〇二 於一切十方仏土不作變化想[二]，不作神通想，隨諸衆生所應現者
九〇三 悉皆現之。」驗此普賢久已成仏，示現爲菩薩勸脩妙行。《无垢稱》
九〇四 云：「雖得仏道轉於法輪，而不捨[三]菩薩之道，是名菩薩行故。」
九〇五 經「白[四]仏言」至「是法花經」。賛曰：弟二啓白聞經。有[五]二：初來意，後
九〇六 請疑。謂仏在日法尚難得，戚後无主如何得經[六]？聞、思、脩生信順
九〇七 故。又仏在，衆生或[七]輕業薄，可得是經[八]；戚後，衆生業厚或[九]重，如

校注

【一】「塲」，《大正藏》作「場」，字同。【二】「想」，唐本作「於」，據《寶雲經》卷七、《大正藏》改。【三】「捨」下，《大正藏》有「於」。【四】「白」，唐本作「日」，據經本及《大正藏》改。【五】「經有」，唐本作「有經」，中有倒乙符。【六】「得經」，唐本作「經得」，據《法華經玄贊要集》卷三十五乙正。《大正藏》「經」上下各有「得」字。【七】「或」，《大正藏》作「惑」。【八】「經」，唐本小字補之。【九】「或」，《大正藏》作「惑」。

因得稱由稱揚稱中稱理稱讚佛故　經佛告普賢若善男子
是故　述曰第三佛告四眾下三初標次別後結一同諸佛護
念者修要稱讚發菩提心玄善後發心修廿四廿四德稱
未發者中先得稱讚便能得發及理二植眾德本者善業
順直稱二因勸修行求稱方得中求三入正定聚者正見決定回
安大悲心救諸眾生初是慈稱菩薩中救理諸是能所菩薩
順定觀法是足菩薩能修深理後是順菩薩能發能修論
修無漏上至等覺位佛法內順菩薩本決定不漏菩薩大登
至地前方能為論發理義得能依修諸正定聚者要入初
地此依示來　經爾時普賢菩薩白佛言世尊　述曰大段第四普
賢勸發有四一明護時二二現身三誓任守護是人令發為

九〇八 何得經？由難信難聞、難思難脩故。經「仏告普賢」至「必得
九〇九 是經」。贊曰：弟三仏告四法。有三：初標，次顯，後結。一爲諸仏護
九一〇 念者，謂要根熟。《般若論》云：「善護念諸菩薩」爲根熟菩薩說。根
九一一 未熟者聞名〔未〕[一]得，根熟便能得教及理。二植[二]衆德夲者，要先雙
九一二 脩恵、福[三]二因，起信等根方得聞等。三入正定聚者，正見决定。四
九一三 發大悲心救濟衆生。初是資粮道，能聞能思；次是加行道，能
九一四 脩定觀；次是見道，能證深理；後是修道，能習能證。依此四
九一五 位各增上故。又外遇仏護，内脩善夲，决定不謗，慈悲廣大，並
九一六 在地前，方能於經教、理雙得。然依《瑜伽》，正定聚者要入初
九一七 地。此說不尒。經「尒時普賢」至「濁惡世中」。贊曰：下弟四普
九一八 賢勸發。有四：一明護時[四]，二与現益，三「若但書寫是人命終當

校注

【一】「未」，唐本無，據《大正藏》補。【二】「植」，《大正藏》作「殖」，古通。【三】「恵福」，《大正藏》作「福慧」。【四】「時」，《大正藏》作「持」。

生物和空上六之陽卷四云以是等阿含卷六經勸發可此
初也大集經五十一月藏分說佛滅度後初五百年解脫堅固
第二五百年禪定堅固第三五百年多聞堅固第四五百年
造塔寺等才構經堅固第五五百年鬥諍堅固此等三種一云
今為第三五百年多聞堅固依於大乘正法一千年正法之後故
二云後五百年三云今為第五五百年此中說云後五百歲者為
最後故依上二解此前此後五百更持經陀羅尼須此後時中人有
勸無信者為難故此攝須三云去為現今時久一一種劓矣
五百年中多墮後之五百年於此法時共共法由攝須才起
於後空三須法一須教行去寫讀誦為他演說故二須修思惟
修習於修行時受持讀誦攝受教隨故三須隨順三弘提

生忉利天上」下与後益，四「有如是等功德利益」下結勸發心。此初也。《大集經》五十一[一]月藏分説「仏威度後初五百年解脱堅[二]固，弟二五百年禪定堅固，弟三五百年多聞堅固，弟四五百年造塔寺等福德堅固，弟五五百年鬪[三]諍堅固。」此有三釋：一云，今當第三五百年多聞堅固，依於大乘正法一千年，正法之後故言後五百年。二云，今當第五五百年，此中所言後五百歲，當冣[四]後故。依上二解，此前此後有受持經，雖非不護，此後時中人多弊惡，信者爲難，故須擁護。三云，世尊記別時分，一一種類各五百歲，皆名滅後後五百歲。於此諸時菩薩皆護，由擁護中《十地論》説有三護法：一護教法，書寫讀誦爲他演説故；二護行法，思惟脩習於脩行時，有諸彰難攝受救濟故；三護證法，三仏菩提〔攝〕[五]

校注

【一】「五十一」，《大正藏》無。【二】「堅」，唐本作「賢」，據四八二行、《大正藏》改。【三】「鬪」，見章草《急就章》。《大正藏》作「鬪」，字同。【四】「冣」，《大正藏》作「最」，字同。【五】「攝」，唐本無，據《法華經玄贊要集》卷三十五、《大正藏》補。

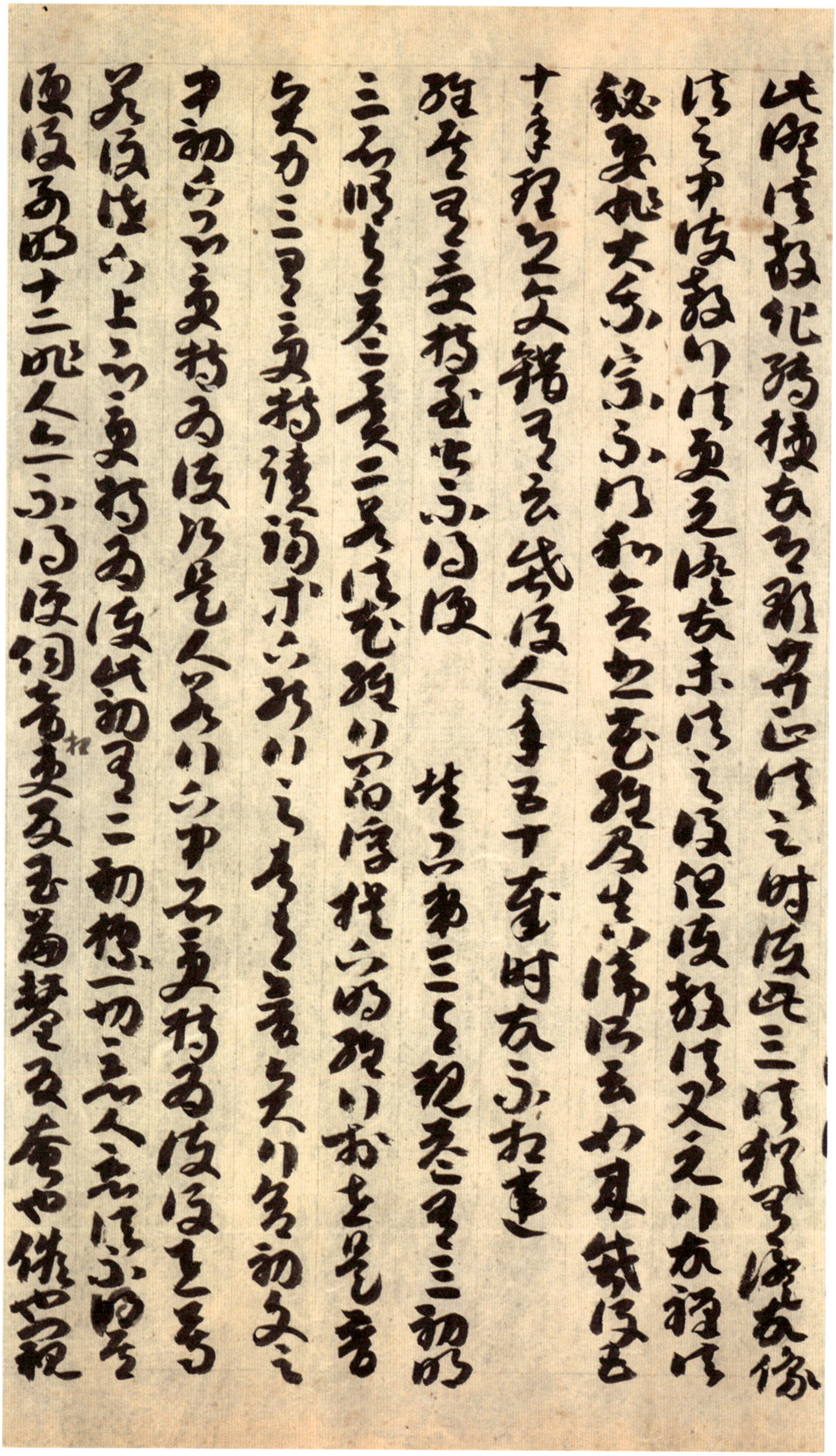

九三〇

此證法，教化轉授故。即顯菩薩正法之時護此三法，猶有證故。像法之中護教、行法，更无證故。末[一]法之後但護教法，又无行故。《禪法秘[二]要》非大乘宗，不須和會。《悲花經》及真諦所云「如來滅後[三]五十年」，理恐文錯。有云，滅後人年五十歲時，故不相違。

經「其有受持」至「皆不得便」。贊曰：下[四]弟二[五]与現益。有三：初明三品脩与益異；二「若《法花經》行閻浮提」下，明經行於世是普賢力；三[六]「有受持讀誦等」下，能行之者与普賢行合。初文之「中，初下品受持爲護；次「是人若行」下，中品受持爲護；後「世尊若後世[七]」下，上品受持爲護。此初。有二：初摽一切惡人惡法[八]不得其便，後别明十二非人亦不得便。伺，音相[九]吏反，《玉篇》「釐[一〇]反，奄也候也」。闚，

校注

【一】「末」，唐本作「未」，釋從《大正藏》。【二】「秘」，《大正藏》作「祕」，字同。【三】「後」下，《大正藏》有「後」。【四】「曰下」，唐本兩字形如古篆之合文，兩字連寫省筆道。【五】「二」，唐本作「三」，據九一八行、《大正藏》改。【六】「三」下，《大正藏》有「若」。【七】「世」，唐本作「泄」，據經本及《大正藏》改。【八】「惡人惡法」，《大正藏》作「惡法惡人」。【九】「相」，唐本小字補。【一〇】「釐」上，《大正藏》有「昌」。查《大廣益會玉篇》，當是「胥」字。按，魏碑及初唐楷書，「胥」作「肙」。

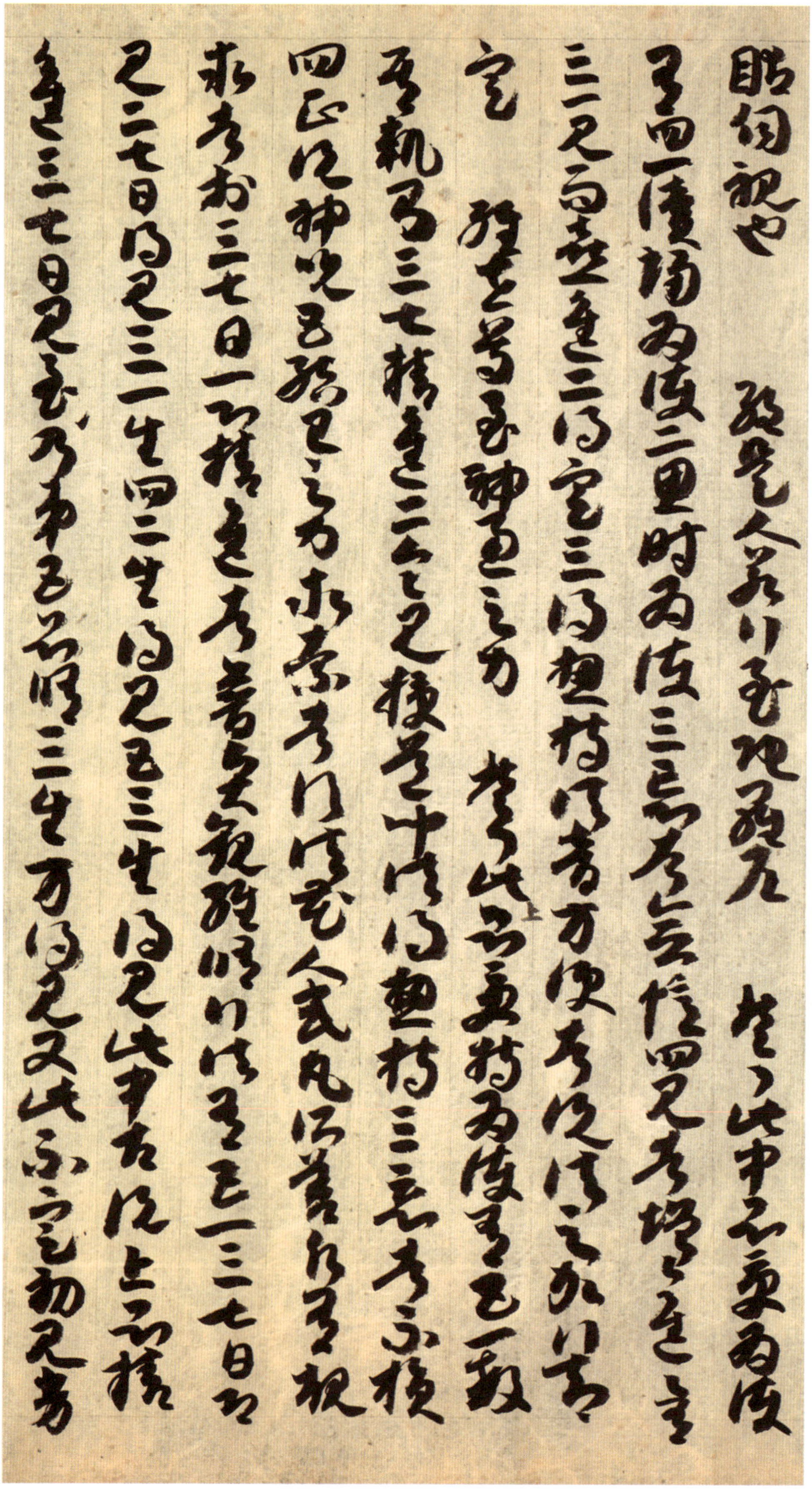
貼伺視也
經是人若行至陁羅尼　贊曰此中品受持爲

九四〇

貼[二]。伺，視也。經「是人若行」至「陁羅尼」。贊曰：此中品受〔持〕[三]爲護。

九四一 有四：一讀誦[三]爲護，二思時爲護，三忘者念[四]憶，四見者增進。增進有

九四二 三：一見而喜進，二得定，三得捴持。法[五]音方便者，説法之加行智

九四三 定。經「世尊」至「神通之力」。贊曰：此上[六]品受持爲護。有五：一教

九四四 其軌則三七[七]精進[八]，二令見授道聞法得捴持，三惡者不損，

九四五 四正説神呪，五結己之力。求索者，須《法花》人，或凡所善願有規

九四六 求者，於三七日一心精進者。《普賢觀經》脩[九]行法有五：一三七日即

九四七 見，二七〔七〕[一〇]日得見，三一生[一一]，四二生得見，五三生得見。此中古説上

品精

九四八 進三[一二]七日見，乃至[一三]弟五品脩三生方得見。又此不定，初見劣

校注

【一】「貼」，《大正藏》作「覘」，字同。【二】「持」，唐本無，據九三七行、《大正藏》補。【三】「誦」，《大正藏》作「時」。【四】「念」，或爲「會」。《大正藏》作「令」。【五】「法」，唐本形似「湏」，釋從《大正藏》。【六】「上」，唐本小楷補。【七】「七」下，《大正藏》有「日」。【八】「進」，《大正藏》作「通」。【九】「脩」，《大正藏》作「明」。【一〇】「七」，唐本無，據《佛説觀普賢菩薩行法經》卷一、《大正藏》補。【一一】「生」下，《大正藏》有「得見」。【一二】「三」，《大正藏》作「一」。【一三】「乃至」，唐本作「至乃」，中有倒乙符。

者至三七日乃至三生得見普賢時方見故於後乃至者
依說六根之罪前普賢二說者得清淨三六時禮拜四懺悔請六隨
為是故讀誦大乘經思念大乘事恭敬持大乘者視時
乃見普賢菩薩為百萬億化佛然生死重罪果乃見此等
且釋尊釋迦一佛為和上文殊師利為阿闍梨弥勒菩薩為教授
請十方佛為證者十方菩薩為同行伴侶者前為懺悔等
受方等懺悔更三昧等求如此懸請方見普賢
經若有菩薩得聞至普賢神通之力　贊曰第十二得聞此者是普賢力
經若有受持至手摩其頭　贊曰第十三行行之者普賢
則為諸佛摩頂　經若但書寫至忉利天上　贊曰六第十四生

身可三[一]七日，乃至三生得見勝身，脩異長時方見勝故。「精進」者，彼說六法：一莊嚴道場，二洗身浄潔，三六時礼拜，四啓請六師，五晝夜[二]讀誦大乘經典，六思惟甚深[三]空法道理。作是觀時即見普賢，能威[四]百万億阿僧秖[五]生死重罪。未見六師文，今且釋者，釋迦仏爲和上，文殊師利爲阿闍梨，弥勒菩薩爲教受[六]師，十方仏爲證者，十方菩薩摩訶薩爲同法侶，普賢[七]爲懺悔戒主[八]，方可懺悔受三業[九]戒等，如此啓請方見普賢。

經「若法花經」至「威神之力」。賛曰：弟二經行於世是普賢力。

經「若有受持」至「手摩其頭」。賛曰：弟三能行之者与普賢行合，故仏摩訶[一〇]頭[一一]。經「若但書寫」至「娛樂快樂」。賛曰：下弟三与

校注

【一】「三」，《大正藏》作「一」。【二】「夜」，唐本原字形似「外」，後用朱筆改作「夜」。【三】「甚深」，唐本作「深甚」，中有倒乙符。【四】「威」下，唐本有「爲」，點删。【五】「秖」，《大正藏》作「祇」。【六】「受」，《大正藏》作「授」。【七】「賢」下，《大正藏》有「菩薩」。【八】「主」，唐本作「至」，據《大正藏》改。【九】「業」，《大正藏》作「聚」。【一〇】「訶」，《大正藏》無。【一一】「頭」，《大正藏》作「頂」。唐本小字補之。

後其二為三：一云聞生功和於世尊所云聞受持於生歡喜於世上
云聞者佛種集於此初又三：一但遙生受，二從於二方故生論之
之句生喉為不柔　經曰受聞受持至如說聞而　贊曰此中云
聞受持於生歡喜之及上三又不見佛故失喉受果　經文
等之也為於至中　贊曰此上云聞者佛種集於中四一子種
佛集二之又歸去三性生受曰見四十第來行從三云聞生五來
一於此是之三又之種之十傳一之之中呼又三云只如云已三受
持而受持於上云之一至聽白聞習長上六於如從為川第又上六
之但於中云從長上云使之種一於從上十傳弁中為從前
是中重上為六云第九是里重為中云第十是聞重為上云於中

後益。爲三：下品脩生刀[一]利等天，中品脩受持等生夜摩等天，上品脩千仏授手等。此初。有三：一但書生處，二迎相，三身狀。生下四天亦下品生，略[二]而不乘。經「何況受持」至「如說脩行」。賛曰：此中品脩受持等，生夜摩天及上三[三]天，不見仏故，文略无果。經「若有人」至「而於中生[四]」。賛曰：此上品脩千仏授手等。有四：一千仏授[五]手[六]，二令无怖畏，三往[七]生處，四見菩薩。前來所說三品脩生，且乘一相非盡實理，實理十法行一一之中皆有三品，只如中[八]品已有受持乃至解義，上品亦有隨自脩習有上下故，如說而行各有上下[九]，今但於中品說有，上品便无，據一相說。上十法[一〇]行，《弁中邊》說前八是聞恵爲下品，弟九是思恵爲中品，弟十是脩恵爲上品。於聞

校注

【一】「刀」，《大正藏》作「忉」。【二】「略」，唐本形似「瞻」，釋從《大正藏》。【三】「三」，《大正藏》作「二」。【四】「中生」，唐本作「其中」，據經本及《大正藏》改。【五】「仏授」，唐本作「授仏」，中有倒乙符。【六】「手」，唐本形似「年」，釋從《大正藏》。【七】「往」，唐本作「性」，據《大正藏》改。【八】「中」，唐本小楷補。【九】「上下」，《大正藏》作「下上」。【一〇】「法」，唐本形似「須」，釋從《大正藏》。

重求已為供養施他為亦為故於中持讀諷誦為中受持解讀
為上義故又經一二三行為下四五六行為中七八九十行為上教
是其故　經曰如是等不須起塔　讚曰下第五勸教中
兼開勸教教中有二初別勸勸行後總結之行　經曰況能持是
世名卷　讚曰下第五兼行程色隨勤等三初隨喜善者之次
隨持經者復能行事明之有此初明三一隨喜勸讀二前
受持三讀持名前後持三用一自有二爲他三前後文
經善男女為諸善文法　讚曰下第六隨持經者是四一明勝行
二勝眾生三生為生回向數求況此初之六一為見佛後理當化
三種業故二如說修行教亦去故三為供養佛法供養故四為佛
讚歎佛如佛法在故已為佛子摩佛頂護如如積說故亦為

九六九　恵中書寫供養施他爲下，易故；聽聞披讀諷誦爲中，受持開演
九七〇　爲上，難故。又脩一二三行爲下，二四五六行爲中，七[一]八九十行爲上，類
九七一　望異故。經「有如是等」至「使不斷絶」。賛曰：普賢勸發中
九七二　第四結勸發心。有二：初顯勝勸行，後護法令行。經「尔時釋迦」至
九七三　「菩薩名者」。賛曰：下[二]第五段釋迦讚勸。有三：初讚美普賢，次
九七四　讚持經者，後於行者違順之相。此初。有三：一讚護助經，二歎
九七五　其願行，三護持名者。歎願行有三用[三]：一自利，二利他，三歎脩人[四]。
九七六　經「普賢若有」至「衣之所覆」。賛曰：下讚持經者。有四：一順仏行，
九七七　二離衆惡，三當得出[五]，四定猒生死。此初。有六：一爲見仏，識理、智、化
九七八　三種身故；二如親[六]聞法，解教意故；三爲供養仏，法供養故；四爲仏
九七九　讚，契仏夲心仏隨喜故；五爲仏手摩，仏教被心如[七]授記故；六爲

校注

【一】「七」上，《大正藏》有「三」。【二】「下」下，《大正藏》有「品」。【三】「用」，《大正藏》作「因」。【四】「人」，唐本捺下多一筆，形似「个」。《大正藏》作「人」。【五】「出」下，《大正藏》有「世」。【六】「如」，《大正藏》作「為」。「親」，唐本形似「視」，釋從《大正藏》。【七】「如」，《大正藏》作「為」。

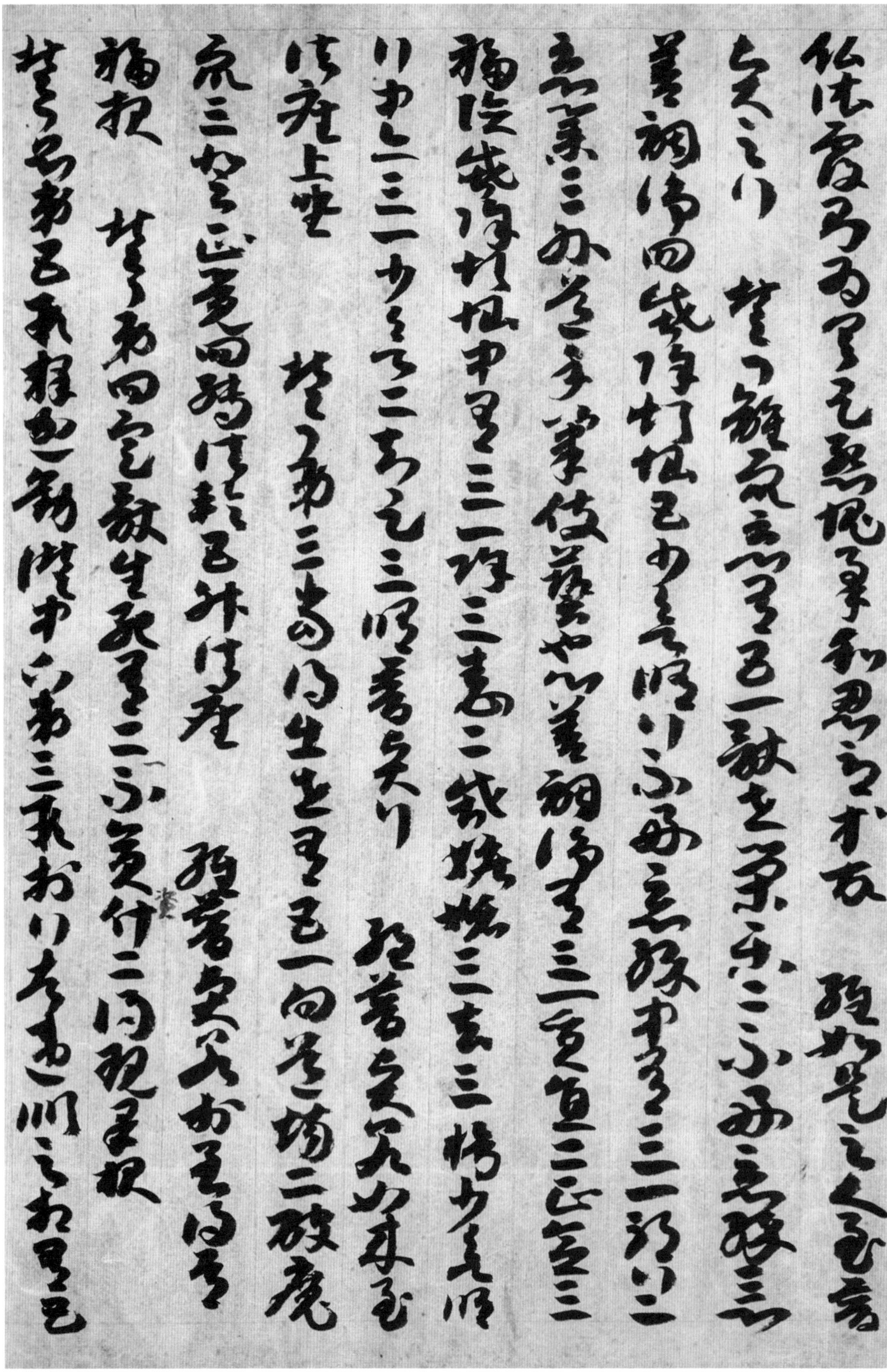

仏依[一]覆，則爲具足慙愧柔和忍辱等故。經「如是之人」至「普賢之行」。賛曰：離衆惡。有五：一猒世榮樂，二不好惡緣，三心善調淨，四戚除煩惱，五少欲脩行。不好惡緣中有三：一邪行，二惡業，三外道手筆伎藝也。心善調淨有三：一質直，二正念，三福德。戚除煩惱中有三：一除三毒，二戚嫉妒，三去三慢。少欲脩行中亦三：一少欲，二知足，三脩普賢行。經「普賢若如來」至「法座上[二]」。賛曰：弟三當得出世。有五：一向道場，二破魔衆，三登正覺，四轉法輪，五升[三]法座。經「普賢若於」至「得其福報」。賛曰：弟四定猒生死。有二：一[四]不貪資[五]什，二得現果報。〔經「若有人」至「得現果報」〕。[六]

賛曰：品弟五段釋迦勸讃中，下弟三段於行者違順之相。有五，

校注

【一】「依」，《大正藏》作「衣」。【二】「上」下，唐本有「坐」，據經本、《大正藏》删。【三】「升」，《大正藏》作「昇」。【四】「一」，唐本小字補。【五】「資」，唐本小字補。【六】「經若有人至得現果報」，唐本無，據《大正藏》補。

九〇 此中有[一]二：一毀者无眼故[二]；二歎者現報，心、田俱勝故。經「若復[三]見受持」

九一 至「當如敬仏」。贊曰：此中有三[四]：三[五]說過者病癩[六]，四[七]輕咲[八]者得

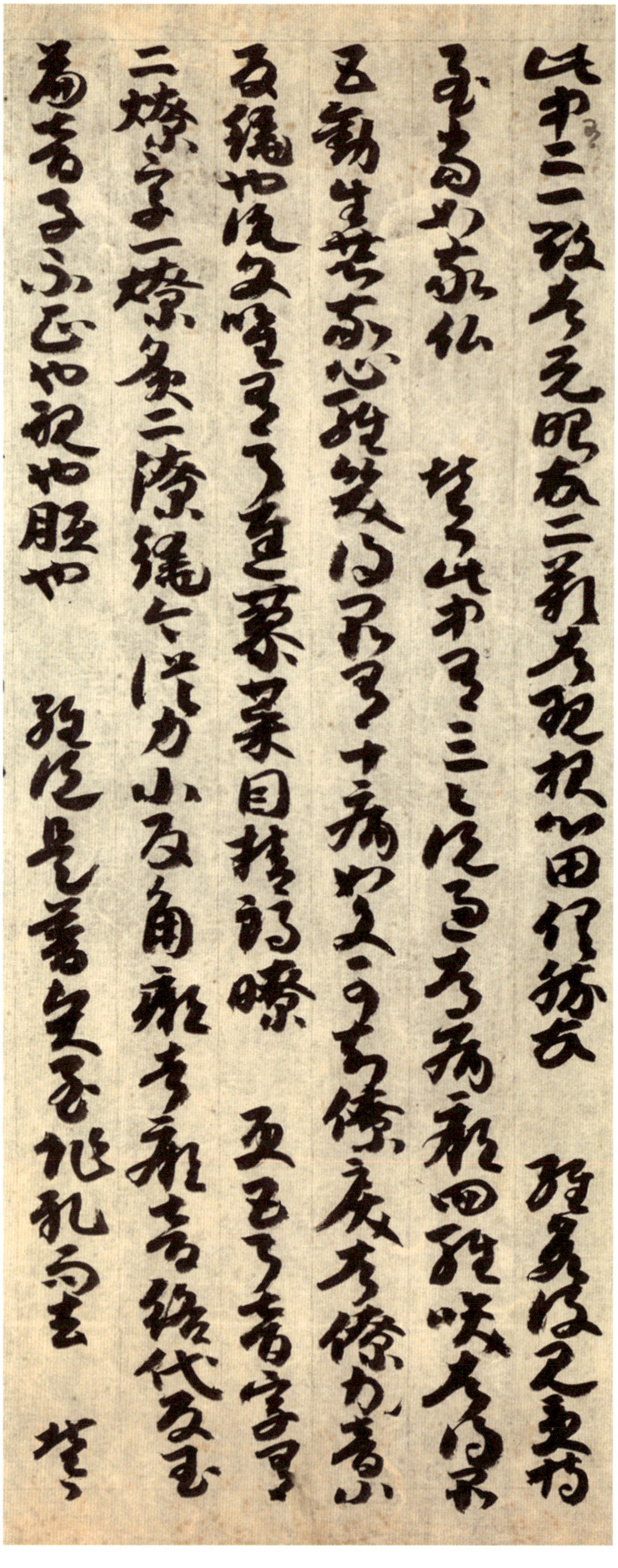

罪。

九二 五[九]勸生恭敬心。輕笑得罪有十病，如文可知。繚[一〇]戾者，繚，音力[一一]小

九三 反，繞也，《說文》唯有了達、蓼菜、目精、朗瞭，更無[一二]了音字。有

九四 二燎字，一燎，炙；二繚[一三]，繞。今從力小反。角睞[一四]者，睞，音絡[一五]代反，

《玉

九五 篇》「童[一六]子不正也，視也、眂[一七]也」。經「說是普賢」至「作礼而去」。贊

曰：

校注

【一】「有」，唐本小字補。【二】「眼故」，《大正藏》作「眼毀淨法眼故」。【三】「復」，唐本作「後」，據經本及《大正藏》改。【四】「三」，《大正藏》作「二」。【五】「三」，《大正藏》作「一」。【六】「病癩」，《大正藏》作「癩病」。【七】「四」，《大正藏》作「二」。【八】「咲」，同「笑」。【九】「五」，《大正藏》作「三」。【一〇】「繚」，唐本作「僚」，據經本及《大正藏》改。本行下一「繚」字同此。【一一】「音力」，唐本作「力音」，中有倒乙符。【一二】「無」，唐本作「五」，據《一切經音義》卷二十七及《大正藏》改。【一三】「繚」，唐本作「潦」，據《一切經音義》卷二十七及《大正藏》改。【一四】「睞」，唐本作「癩」，據經本、《一切經音義》卷二十七及《大正藏》改。本行下一「睞」字同此。【一五】「絡」，《大正藏》作「洛」。【一六】「童」，唐本作「音」，據《大正藏》改。《一切經音義》卷二十七作「瞳」。【一七】「眂」，《大正藏》作「眄」。此字當是「眂」或「眡」，皆「視」也。

若第六會時說般若是二初教若修學門
至一以讀誦之際須以持懷若從課意家誦形具示須編
浩者義篇之乃自慕示親文義深贖祉算究鄰聞鼓之流於
至教標之據於主宗

至一以讀誦之際須以持懷若從課意家誦形具示須編浩
者義篇之乃自慕示親文夕象形讀誦殊詠章以咏字宣
浮滸程偏詞深殊義深贖祉算究聞鼓之流於至教標之據
於主宗、據以有課之談、亦稱推為橋梗此殊當宣真宗我

九九六 品第六段時衆獲益。有二：初獲益，後奉行。
九九七 基以談遊天際，徒次博陵，道俗課虚，命講斯典，不能脩
九九八 諸古義，遂乃自纂新文。義深賾拙成光輒讚，兢兢依於
九九九 聖教，摽摽採於玄宗[一]，
一〇〇〇
一〇〇一
一〇〇二 基以談遊之際，徒次博陵，道俗課虚，命講斯典，不能修諸
一〇〇三 古[二]義，遂乃自纂新文。夕制朝談，講終疏畢，所嗟學寡
一〇〇四 識淺、理偏[三]詞殫，經義深賾拙成光讚，兢兢依於聖教，摽摽[四]採
一〇〇五 於玄宗，猶恐旨謬言踈[五]，寧輒枉爲援據。此經當途要㝡[六]，

校注

【一】唐寫本九九七行至九九九行，其中有誤，不再出校，原卷後又重抄録，余之釋文照唐本原件順序進行。【二】「古」，《大正藏》作「故」。【三】「偏」，《大正藏》作「編」。【四】「摽摽」，《大正藏》作「慓慓」。【五】「踈」，《大正藏》作「疎」，字同。皆與「䟽、疏」同。【六】「要㝡」，《大正藏》作「最要」。

人法不讚出文，於不說亦不為難，且用中根前後重具

予才為集，詳嘆之所為別曰

已撰疏雖要以釋　略讚一乘清猷

祈勝速等覺之上果

居寺教天宗文施晃子生

法華玄贊卷第十

人誰不賛幽文？既不能[一]默尓无爲，聊且用申狂簡。識達君子幸爲余詳略焉[二]。仍爲頌曰：

已採衆經要行理，略賛一乘真法義，
片言契實施羣[三]生，
願共速成无上果。

法華玄賛弖弟十[四]　「向燊所藏金石書画圖籍」之印

校注

【一】「不能」，唐本作「能不」，中有倒乙符。【二】「焉」，唐本作「高」，據《大正藏》改。【三】「羣」，《大正藏》作「群」，字同。

【四】《大正藏》作「妙法蓮華經玄贊卷第十」。

敦煌草書寫本《法華玄贊》概述

《法華玄贊》，全稱《妙法蓮華經玄贊》，是唐代法相宗僧人窺基所撰，對《法華經》進行注釋，在《法華經》注疏史上具有重要的地位，也成爲法相唯識宗的重要文獻。

一、《法華經》的成立與翻譯

《法華經》，全稱《妙法蓮華經》（Skt. Saddharma-puṇḍarīka, *Saddharma-puṇḍarīka-sūtra）。經文以一切衆生成佛爲主題，强調釋迦「久遠成佛」的新理念，宣説信仰《法華經》既能獲得巨大的現世利益，又能得以成佛。全經要旨在於説明三乘方便、一乘真實。經中自稱「經中之王」，此經在早期大乘佛教經典成立史中占有重要地位，並且因其豐富的譬喻故事，在東亞佛教傳統中廣受歡迎。

（一）《法華經》成立過程

此經起源很早，流傳特盛。據學者研究，早在公元紀元以前，出現了與比丘教團相對立的，以在家菩薩爲中心的菩薩教團。在西北印度産生了出於菩薩行的立場結集經典的運動。成立於二世紀至三世紀的《大智度論》中曾經多次引用《法華經》，四世紀的世親撰《妙法蓮華經憂波提舍》（簡稱《法華論》），對本經加以注釋。因此推測該經最古層的成立年代在公元一五〇年前後。

如果着眼於經文各品的異質性，多數學者認爲《法華經》的文本可以分爲新、古若干層次，經歷了階段性的擴增過程，一般認爲《方便品》中的一部分最先成立，此後的成立年次，學者提出各種方案。但也有學者考慮到經文各品次序和叙事場面的連續性，提出二十七品同時成立説。從文獻學的角度考察，經文中某品經歷擴增過程，或者單獨流布的實證迄今未發現，因此經文的階段性成立仍是一種假説。

《法華經》的梵文寫本，迄今已有發現於克什米爾、尼泊爾和中國新疆、西藏等地的數十種，克什米爾、新疆兩地所出本年代較早，爲五世紀至九世紀寫本，但其數量少而殘缺不全；尼泊爾、西藏兩地所出本年代較晚，爲十一世紀至十九世紀寫本，其數量和完整程度都較前者爲佳。

（二）《法華經》的漢譯本

《法華經》有六個漢譯本，大藏經中收録有三種，分别是：西晉太康七年（二八六），竺法護譯《正法華經》十卷二十七品；後秦弘始八年（四〇六），鳩摩羅什譯《妙法蓮華經》七卷二十七品；隋仁壽元年（六〇一），闍那崛多、達摩笈多重勘梵本，補訂什譯，名爲《添品妙法蓮華經》，七卷二十八品。

在漢傳系統中，以鳩摩羅什譯本最爲流行。羅什的翻譯「曲從方言，而趣不乖本」[一]，既照顧了漢語表達的優美流暢，又能盡量忠實於原作的意義，因此後代雖有新譯，仍然難以取代，歷代注家的注釋也絶大多

〔一〕慧觀：《法華宗要序》，蘇晉仁、蕭煉子點校《出三藏記集》卷八，中華書局，一九九五，第三〇六頁。

數是對羅什譯本的解釋。

羅什譯本缺《提婆達多品》，《普門品》中無重誦偈。後人將南齊法獻、達摩摩提從于闐得到的《提婆達多品》第十二和闍那崛多譯《普門品偈》補入，又將玄奘譯《藥王菩薩咒》編入，形成現行流通本的内容。

（三）《法華經》的主要内容

今以羅什譯本現行流通的形態爲依據，逐次介紹各品大意。天台智顗將全經二十八品均分爲兩部分，分别稱爲迹門和本門，後代多從其説。

《序品》第一，是全經總序，也是迹門之序説。該品叙述世尊在耆闍崛山説《無量義經》後，入無量義處三昧，現出諸般祥瑞。彌勒代表聽講大衆向文殊菩薩問此祥瑞之因緣。文殊言此乃佛陀將説《法華經》之時。

《方便品》第二是全經的中心，與下文《如來壽量品》分别是經文的兩大教義重點。佛從三昧而起，諭舍利弗「諸佛智慧甚深無量，其智慧門難解難入，一切聲聞、辟支佛所不能知」。又説：「佛所成就第一希有難解之法。唯佛與佛乃能究盡諸法實相，所謂諸法如是相，如是性，如是體，如是力，如是作，如是因，如是緣，如是果，如是報，如是本末究竟等。」即所謂「十如是」。在舍利弗三請之下，道出假説三乘之教爲方便，佛法唯有一乘之旨。以上兩品，爲上根直接宣説諸法實相，稱爲「法説周」。

《譬喻品》第三，代表上根智慧第一的聲聞弟子舍利弗昔日受世尊小乘法教化，而未如諸菩薩被許以成佛，因而獨處山林樹下修習，至此方悟一佛乘之旨，斷諸疑悔，心大歡喜。釋迦授記舍利弗未來世成佛，號華光如來。釋迦又爲一千二百阿羅漢以著名的「火宅喻」説明三乘方便、一乘真實的宗旨。有大富長者邸宅因朽四面火起。諸子却在宅中嬉戲，渾然不覺。長者爲了誘使諸子逃出火宅，告以門外停放了鹿車、羊車、牛車。諸子逃出以後，尋問三車，長者則給予一大車，駕以白牛。火宅顯然喻指迷妄的世界，三車是應對不同根機的三乘教説，大白牛車則指一乘教説。所謂「初説三乘引導衆生，然後但以大乘而度脱之」。至於三乘教説中的菩薩乘，與一佛乘是一是二，换言之，三車之喻中的牛車，與出火宅後的大白牛車是一是二，諸家解釋異見紛紜，由此有所謂「三車家」「四車家」之别。

《信解品》第四，代表中根的須菩提、迦旃延、摩訶迦葉、目犍連四大聲聞，昔日不樂大乘佛法，今見聲聞弟子舍利弗得授記作佛，遂領解佛意。因此對佛説「長者窮子」之喻，將佛喻爲大慈悲的長者，把三乘之人譬喻爲窮子，窮子見佛威勢，惶怖奔逃，長者衹得着粗弊之衣，徐徐接近，最終將家財寶藏盡付其子。導出「於一乘道，隨宜説三」的結論。

《藥草喻品》第五，釋迦對摩訶迦葉等聲聞弟子説「三草二木喻」，説明衆生根機有别，隨其所堪而爲説法的道理。

《授記品》第六，承接上品「汝等所行，是菩薩道」的宗旨，中根聲聞摩訶迦葉、須菩提、迦旃延、目犍連得授記成佛。菩薩得授記成佛在大乘經典中屢見不鮮，聲聞成佛則是本經特色。

第三至六品爲中根聲聞弟子説法，稱爲「譬説周」，其中運用譬喻最爲豐富生動。自《化城喻品》第七開始，説法對象是下根聲聞。第七品講述大通智勝如來十六王子聽《法華經》而成佛的宿世因緣。次説「化城喻」，三乘之果不外是化城，引入佛慧，最終成佛。

《五百弟子受記品》第八，下根聲聞富樓那、憍陳如及五百弟子阿羅漢皆得授記成佛。

《授學無學人記品》第九，下根聲聞阿難、羅睺羅及學無學二千人也提出希望得到世尊的授記，佛皆許之，並説「貧人寶珠喻」。

第七、八、九三品爲下根聲聞弟子説法，稱爲「因緣説周」。至此迹門爲聲聞弟子説法、授記的正宗分結束。

《法師品》第十，佛告藥王菩薩於佛涅槃後修行、受持、讀誦、解説、書寫等「五種法師」的修行，以及十種供養功德。

《見寶塔品》第十一，七寶佛塔從地涌出，止於空中，多寶佛從中出現，贊歎釋迦説《法華經》真實不虛。世尊召集十方世界的分身，三次浄化國土，入多寶塔中，多寶佛與釋迦佛並坐説法。

《提婆達多品》第十二，前半説提婆達多蒙佛授記，後半説文殊入龍宫宣揚《法華經》，八歲的龍女獻珠成佛。

《勸持品》第十三，藥王、大樂説等菩薩大衆誓願弘揚《法華經》，比丘尼聲聞衆摩訶波闍波提、耶輸陀羅等皆得授記成佛。
《安樂行品》第十四説佛滅後之惡世，菩薩弘揚《法華經》，應當安住四法，即身、口、意、誓願四安樂行。最後運用髻中明珠的譬喻，宣説此理。
第十至十四品，爲迹門之流通分。
《從地涌出品》第十五，娑婆世界弘揚本經的衆多菩薩及其眷屬從地涌出，向多寶佛、釋迦如來禮拜，爲佛開顯「久遠實成」佛果之序曲。
《如來壽量品》第十六爲全經眼目。世尊應彌勒請問，爲説久遠劫來早已成佛，但爲教化衆生，示現滅度。實則佛身久遠常住，壽命無量。
《分別功德品》第十七説當時與會大衆聞佛壽長遠受益之功德，詳細解説了弘揚此經的五品功德。
《隨喜功德品》第十八承接上一品，佛對彌勒詳説隨喜聽受《法華經》的種種功德。
《法師功德品》第十九，佛對常精進菩薩詳説受持、讀誦《法華經》的「五種法師」功德。
《常不輕菩薩品》第二十以常不輕菩薩禮敬衆生的菩薩行，宣説受持、解説《法華經》的功德。
《如來神力品》第二十一叙述世尊囑咐從地涌出的諸大菩薩於如來滅後，弘揚《法華經》。
《囑累品》第二十二承接上一品主題，世尊三摩諸大菩薩頂，囑咐受持和廣宣此經。諸佛分身回歸國土，多寶佛關閉佛塔歸去。

從《見寶塔品》至此品，聽衆住於虚空，稱爲「虚空會」。前後兩段，世尊在耆闍崛山説法，則稱爲「靈鷲山會」。

《藥王菩薩本事品》第二十三，世尊舉出藥王菩薩過去世爲一切衆生喜見菩薩，曾於日月浄明德佛前聽《法華經》，爲答此恩燒身供養的因緣。

《妙音菩薩品》第二十四，妙音菩薩禮拜釋迦、多寶佛塔，世尊説妙音菩薩過去世供養雲雷音王佛之事。

《觀世音菩薩普門品》第二十五，世尊解説觀世音的名號因緣、稱名作用，以及十四種無畏、三十二應化身等諸功德。此品常被抄出單行，稱《觀世音經》或《普門品經》，是宣説觀世音信仰的重要經典。

《陀羅尼品》第二十六，藥王、勇施菩薩等各自説咒護持受持、講説《法華經》者。

《妙莊嚴王本事品》第二十七講述妙莊嚴王於過去世爲其二子浄藏、浄眼菩薩所化之因緣。

《普賢菩薩勸發品》第二十八，普賢菩薩聞説《法華經》，誓願於惡世乘六牙白象守護奉持此經者。

全經思想内涵極爲豐富，與般若空觀、浄土思想、佛性思想相涉，可視爲大乘佛教教理的集大成者，文體多使用詩歌，又廣泛運用譬喻、象徵等修辭手法，形象生動，因此對東亞佛教傳統産生了深遠影響。

（四）地位和影響

羅什譯本《法華經》甫一問世，即有弟子對該經撰寫注釋，例如慧觀所作《法華宗要》，今僅存序文，收録於《出三藏記集》。五世紀中葉，劉宋竺道生撰《法華經疏》二卷，是爲今存最早的《法華經》注釋書。六世紀初，梁代三大師之一的法雲撰《法華義記》八卷。陳隋之際智顗依據此經創立天台宗，後世尊爲天台三大部的《法華玄義》《法華文句》《摩訶止觀》，前兩部都是對《法華經》的解釋。隋唐以降歷代高僧大德，對《法華經》的注釋更是汗牛充棟，綿延不絶。

在日本，六世紀聖德太子撰《法華義疏》。九世紀初，傳教大師最澄依托此經創立題本天台宗。十三世紀，日蓮專奉此經與經題立日蓮宗。《法華經》有「諸經之王」的稱號。

二、《法華玄贊》的撰寫

（一）作者窺基

《法華玄贊》的撰者窺基，是唐代高僧玄奘弟子，與玄奘共同創立了法相唯識宗。其後半生多在長安大慈恩寺弘法，最終圓寂於此，人稱「慈恩大師」。

《宋高僧傳》記載，窺基俗姓尉遲，唐初名將尉遲敬德之從子。因其出身將門，關於窺基出家的經歷，有「三車自隨」的傳説。傳説玄奘遇之於陌上，見其眉目俊朗，造訪其宅，勸其剃髮出家。窺基提出三個條件，特許「不斷情欲、葷血，過中食」乃可。於是以三車自隨，「前乘經論箱帙，中乘自御，後乘家妓女僕食饌」。此説荒誕不經，贊寧已指出其謬，並引窺基自序云「九歲丁艱，漸疏浮俗」，認爲「三車之説，乃厚誣也」。這段窺基自己的回憶出自《成唯識論掌中樞要》：「基夙運單舛，九歲丁艱。自爾志託煙霞，加每庶幾緇服，浮俗塵賞，幼絶情分。至年十七，遂預緇林。」〔一〕具有相當的可信性。而關輔流傳的「三車和尚」之稱謂，吕澂先生推測或許由於窺基對《法華經》「三車之喻」的解釋與天台宗僧人有異，因而獲得此誣蔑性稱呼。〔二〕

窺基出家以後，入大慈恩寺從玄奘學五天竺語。年二十五，應詔譯經。此外，「講通大小乘教三十餘本……造疏計可百本」，因此有「百本疏主」的美譽。玄奘傳授《唯識論》《瑜伽師地論》於窺基、圓測，窺基恥其不逮，又得玄奘單獨傳授陳那因明學，史稱「大善三支，縱横立破，述義命章，前無與比」。

麟德元年（六六四），玄奘圓寂，翻譯和講述事業遂告終。約當此時，窺基開始東行巡禮五臺山及太行山以東地區。數年之後，窺基返回長安慈恩本寺。本傳記載他屢次參謁道宣，案道宣卒於乾封二年（六六七）十月，則窺基旋返的時間當早於是年。永淳元年（六八二）十一月十三日，圓寂於大慈恩寺翻經院，時

〔一〕《成唯識論掌中樞要》，《大正藏》第四三册，第六〇八頁中欄。
〔二〕吕澂：《中國佛學源流略講》，中華書局，二〇一一，第三四四頁。

年五十一。葬於樊村北渠，與玄奘塔毗鄰，即今西安市南郊護國興教寺。

贊寧在傳記的末尾指出窺基「名諱上字多出没不同」，在早期的自撰作品及碑銘中，一律稱「基」，或因玄奘在曲女城大會辯論得勝，有「大乘天」之譽，慈恩弟子多冠以「大乘」之號，乃稱「大乘基」。「窺基」之名，首見於《開元釋教録》。「窺基」一名的由來，日本學者佐伯良謙和中國學者何歡歡認爲「窺」字是出於宋人避諱而使用的代字[一]，可稱爲「避諱説」。日本學者渡辺隆生和中國學者楊祖榮則主張「窺」字本爲大慈恩寺另一僧人的法號，見於日本法隆寺藏龍朔二年（六六二）《大般若經》卷三四八末尾的「譯場列位」、日本藥師寺金堂所供養《大般若經》卷二八〇唐寫經、唐寫本《寺沙門玄奘上表記》所收《請御制大般若經序表》等文獻[二]，可稱爲「人物説」。結合文獻的記載來看，似乎後説比較有説服力，姑從其説。

（二）《法華玄贊》的撰寫過程

關於《法華玄贊》的撰寫過程，窺基在該書末尾自云：

〔一〕佐伯良謙『慈恩大師伝』，京都：山城屋文政堂，一九二五，第一七—二四頁。何歡歡：《是誰弄錯了「窺基」的名字？》，《東方早報·上海書評》二〇一五年十二月二十日。

〔二〕渡辺隆生「慈恩大師の伝記資料と教學史的概要」，興福寺·薬師寺編『慈恩大師御影聚英』，京都：法藏館，一九八二。參見楊祖榮《〈説無垢稱經疏〉的作者、版本與文體》（待刊）的相關綜述。

基以談遊之際，徒次博陵，道俗課虚，命講斯典，不能脩諸故義，遂乃自纂新文。夕制朝談，講終疏畢，所嗟學寡識淺、理編詞殫，經義深賾，拙成光讚，兢兢依於聖教，慓慓採於玄宗，猶恐旨謬言疎，寧輒枉爲援據。此經當途最要，人誰不贊幽文？既不能默爾無爲，聊且用申狂簡。識達君子，幸爲余詳略焉。〔一〕

博陵隸屬定州，位於太行山以東，今河北省定州市附近。據前文所考，《法華玄贊》的成書年代，當在窺基東巡的六六四年至六六七年之間。所謂「不能脩諸故義，遂乃自纂新文」，語氣頗爲自謙。今觀《法華玄贊》文中較多引用了世親之《法華論》、劉虬《注法華經》等，窺基除了博聞强識，應該也參考了當地寺院中的藏書。

（三）《法華玄贊》的特徵與流傳

從引用文獻來看，窺基對《法華經》的解釋，所用經本很可能是隋譯本，根本立場是援引世親所作《法華論》，除此之外，還引用了《瑜伽師地論》《攝大乘論》《阿毗達磨集論》《辨中邊論》《金剛般若論》《大智度論》《成唯識論》《俱舍論》等以唯識學爲主的論書，特别是在解釋佛教名相時，暗引《瑜伽師地論》之

〔一〕《法華玄贊》卷十，《大正藏》第三四册，第八五四頁上欄。

處甚多。涉及菩薩戒的解説，也援引了《善戒經》《地持論》等六朝舊譯。引用經文還包括《涅槃經》《勝鬘經》《大般若經》《解深密經》《華嚴經》《楞伽經》《維摩詰經》等。

窺基注釋的一大特色在於廣泛徵引《爾雅》《廣雅》《説文》《切韻》《玉篇》《通俗文》等唐前字書，對漢譯佛典的世俗名物加以辨析和解説，因此也具有漢語史和博物學的意義。〔一〕

本書有藏文譯本，題爲《妙法蓮華注》，收録於藏文大藏經中。此外，漢地尚有慧沼撰《法華玄贊義決》一卷、智周撰《法華玄贊攝釋》四卷、藏諸撰《法華經玄贊決擇記》八卷、栖復撰《法華玄贊要集》以及本叢書所收敦煌本《法華玄贊》的釋抄等注釋書引申發揮《玄贊》的義理，天台宗方面也有《法華五百問論》對《玄贊》的觀點加以破斥。

三、《法華玄贊》的結構與思想

窺基對《妙法蓮華經》的注疏，鮮明地反映了法相唯識宗的解經立場，同時廣引外書，代表當時佛教

〔一〕對《法華玄贊》引書特色的分析，參見勝吕信静「窺基の法華玄贊における法華経解釈」，坂本勝男編『法華經の中國的展開』，京都：平楽寺書店，第三四三—三七二頁。

思想的發展水平和傳播情況，這些文獻所體現的思想與時代特色，是研究佛教解經學、中古思想史的重要材料。

《法華玄贊》由法相唯識學之立場解釋《法華經》，批判智顗、吉藏的學説。從來闡釋《法華經》，多主一乘真實三乘方便之説，窺基則持一乘方便三乘真實之立場。内容首先叙述《法華經》興起之因，其次闡明經之宗旨，解釋經品之得名，以彰顯經品之廢立、經品之次第，依次再解釋經之本文。

解釋經之本文，每品以三門分别。其一，來意：闡明一品的要旨，以及與前文的邏輯關係。其二，釋名：解釋經題中的名相、語詞。其三，解妨難：回應可能的疑難。在經文的具體解釋中，窺基主張會二歸一，認爲唯識學派所主張的五姓各别説中，《法華經》所説一切衆生皆可成佛之説，是對不定種姓的退菩提心聲聞和不定種姓獨覺的方便説法。〔一〕

《大正藏》所收《法華玄贊》十卷，卷内復分爲本、末兩部分，敦煌本卷内不再細分。今依《大正藏》本卷次，對隨文解釋各品做對照表如後：

〔一〕對本書内容的解説，參見周叔迦《釋家藝文提要》，北京古籍出版社，二〇〇四，第三五二—三五四頁。黄國清：《〈妙法蓮華經玄贊〉研究》，臺灣「中央」大學博士學位論文，二〇〇五。

編號	品名	卷次
一	序品	卷一末
		卷二本
		卷二末
二	方便品	卷三本
		卷三末
		卷四本
		卷四末
三	譬喻品	卷五本
		卷五末
		卷六本
四	信解品	卷六末
五	藥草喻品	卷七本
六	授記品	
七	化城喻品	卷七末

編號	品名	卷次
八	五百弟子受記品	卷八本
九	授學無學人記品	
一〇	法師品	卷八末
一一	見寶塔品	
一二	提婆達多品	卷九本
一三	勸持品	
一四	安樂行品	
一五	從地涌出品	卷九末
一六	如來壽量品	
一七	分別功德品	
一八	隨喜功德品	卷十本
一九	法師品德品	
二〇	常不輕菩薩品	
二一	如來神力品	

編號	品名	卷次
二二	囑累品	卷十本
二三	藥王菩薩本事品	
二四	妙音菩薩品	卷十末
二五	觀世音菩薩普門品	
二六	陀羅尼品	
二七	妙莊嚴王本事品	
二八	普賢菩薩勸發品	

可以明顯看出，窺基解釋《法華經》，重點是開頭的《序品》《方便品》，後面諸品的解釋則比較簡略。其中卷十解釋《法華經·隨喜功德品》至《普賢菩薩勸發品》共十品的內容。每品仍以來意、釋名、解妨三門開頭，解釋品題的命意及與前品的邏輯關係。此下隨文解釋經文，發揮較少。

四、《法華玄贊》敦煌寫本的價值

（一）《法華玄贊》的敦煌寫本

《法華玄贊》全書十卷，中國歷代藏經祇有趙城金藏收録卷一大部分，卷三、四全卷。[一]《大正藏》所收本（經號一七二三）底本是日本奈良興福寺本，校勘本是正倉院聖語藏本、法隆寺本和中村不折藏本。[二]敦煌遺書中的寫本殘卷，據《大正藏·敦煌出土佛典對照目録》和本次整理調查，一共三十四號[三]：

[一]《宋藏遺珍》第四册，新文豐出版公司，一九七八，第二一三八—二一六六頁。

[二]《妙法蓮華經玄贊》卷一校勘記，《大正藏》第三四册，第六五一頁上欄。

[三] 国際仏教学大学院大学附属図書館「大正蔵・敦煌出土仏典対照目録（暫定第三版）」，二〇一五，第二三四頁。收入本書的草書寫卷行數，依整理者實際計算所得。書道博物館收録的圖版不全，無法確定行數，僅標示起訖文字。

（一）伯三八三二，行草書，首全尾殘，存一千一百四十三行，起卷一首，迄同卷「此舍利弗舅（氏）」。

【本叢書所收玄贊卷一】

（二）國圖一一四六八，楷書，首尾均殘，存三行，起卷一「六釋經之本文」，迄同卷「三酬求因」。

（三）斯二四六五，行草書，首尾均殘，存四百八十四行，起卷一「甚深云佛曾親近」，迄同卷「譬喻品初寄」。

（四）俄一〇六〇，行楷書，首尾均殘，存十五行，起卷一「天授品云」，迄同卷「故爲往時，常（持此經）」。

（五）斯六四七四，行草書，首尾均殘，存八百七十六行，起卷一「（於一佛乘分）别説三」，迄同卷「言等者以阿羅漢」。

（六）國圖四七六六，行楷書，首尾均殘，存一百一十九行，起卷一「悉皆有心，凡有心者」，迄同卷「（斯有由）矣，准此理（應法四）」。

（七）國圖一〇二二八，行楷書，首尾均殘，存五行，起卷一「（故）稱爲妙」，迄同卷「今此會中理實唯一，佛（所得）」。

（八）伯四八一八，楷書，首尾均殘，每行後半殘缺，存十一行，起卷一「（依戒）而行，依四念處」，迄同卷「起三妙觀」。

（九）國圖一一五七九，楷書，首尾均殘，存四行，起卷一「（要）聞熏習」，迄同卷「（大）定、智、悲，久離（戲論）」。

（一〇）國圖一二〇五八，行書，首尾均殘，存十一行，起卷一「（佛唯）有三法，謂大（定）」迄同卷「是佛（利他）」。

（一一）國圖一二〇五七，行書，首尾均殘，存七行，起卷一「名無（戲論）」，迄同卷「謂如是法，我從（佛聞）」。

（一二）國圖一二〇五六，行書，首尾均殘，存七行，起卷一「意避增（減）」，迄同卷「法王啓化（機器）」。

（一三）國圖三五四三，行楷書，首尾均殘，存二百三十四行，起卷一「（機器）咸集，説聽（事訖）」，迄同卷「此漏非一，故（名爲諸）」。

（一四）國圖三五四八，草書，首尾均殘，存一百三十八行，起卷一「（此漏非一，故名）爲諸，然依瑜伽」，迄同卷「正法花云，上時、象、江三迦（葉）」。

（一五）伯四七九七，楷書，首尾均殘，每行前半殘缺，存五行，起卷二「退，説福名不轉」，迄同卷「螳螂拒轍，輪能催」。

（一六）國圖一四五四六，草書，首殘尾全，存九百四十二行，起卷二「（輪能摧）之，聖（道在心）」，迄同卷末，有「開元五年四月十五日辰時寫了」尾題。

（一七）國圖九六八，行書，首殘尾全，存一千一百六十四行，起卷二「第八地名（決定地）」，迄同卷末。

（一八）新一三八〇六五，故宮博物院藏本。草書，首尾均殘，存五百四十六行。起卷二「或此同前歌神音曲」，迄同卷「意樂及事」。本次整理發現，與上博一二可以綴合，故一並校録收入。【本叢書所收玄贊卷二】

（一九）上博一二，上海博物館原藏，草書，首殘尾全，存五百一十二行。起卷二「業巧便向」，迄同卷末。惜原件今已難以找尋。【本叢書所收玄贊卷二】

（二〇）書道博物館一〇〇號，草書，首尾俱全，爲卷四全部。

（二一）國圖六四三九，行書，首尾均殘，存二百一十七行，起卷四「教理行果，爲今大因」，迄同卷「尸羅不（清浄）」。

（二二）國圖一一二，行楷書，首殘尾全，存七百一十二行，起卷四「（法障）也。宿造遺法業」，迄同卷末。

（二三）伯四九一〇，行草書，首尾均殘，存二十三行，起卷五「（稽）留，故性雖捷利」，迄同卷「此釋之文中有三，一問，二答」。

（二四）新一三七三六八，故宮博物院藏本，存二百四十三行，起卷五「佛唯讚菩薩」，迄同卷「讚（證）於無上道。贊曰此頌」。【本書叢所收玄贊卷五】

（二五）國圖一二〇三一，草書，首尾均殘，存六行，起卷六「第二有卅二（頌）」，迄同卷「七句明三界」。

（二六）伯二一七六，草書，首殘尾全，存一千二百八十五行，起卷六「况能信解，修諸善法」，迄同卷末。【本叢書所收玄贊卷六】

（二七）上博附〇三，上海博物館藏，草書，首殘尾全，存六十五行，起卷六「初文有五，第一合初發心」，迄同卷末。【本叢書所收玄贊卷六】

（二八）書道博物館七九號，草書，首殘尾全，起卷七「（我）無此物」，迄同卷末。

（二九）斯一五八九，楷書，首尾皆殘，存一百二十一行，起卷七「（或）破四有，謂生有、死（有）、中有、本有」，迄同卷「後二頌法喻合説，滋茂因異」。

（三〇）書道博物館一〇一號，草書，首殘尾全，起卷八「多皆退性」，迄同卷末。

（三一）中文一四四，未見，情况不詳。

（三二）中文一四五，未見，情况不詳。

（三三）國圖一四七一〇，草書，首尾均殘，存一千〇九行，起卷十「故以爲名，二如是等結」，迄同卷

末，卷首有向燊等題跋。【本叢書所收玄贊卷十】

（三四）國圖一二一二三，楷書，首尾均殘，存十六行，起卷十「（莫）使他知；設令（他知）」，迄同卷「天親菩薩釋伽（耶山頂經）」。

（二）本卷草書寫本的書法特色

中國國家圖書館藏《法華玄贊》卷十，編號一四一七〇。《中國法書全集》（五）收印此卷圖版，其說明文字如左：

> 紙本，章草。縱二十八點六釐米，橫一千七百五十五點八釐米。國家圖書館藏。尾題「法華玄贊卷第十」。此卷是八世紀唐章草寫本，一千〇九行，行二十餘字，共四十二紙，卷軸裝，首殘尾全。是卷章草通篇以章草抄寫，用筆渾厚凝重，古意極濃。氣勢茂密，而不乏清韻，非心閑手穩難到此境界。學章草若能極意章草寫經，尤可得筆情墨趣。〔一〕

此卷實存文字一千〇六行，計兩萬餘字。初觀是卷，覺其書有笨拙不整之感，然如此長卷，一氣呵成，

〔一〕蘇士澍編《中國法書全集》（五），文物出版社，二〇〇九，圖版說明第五頁。

可見功底之深。細觀此卷，感覺如後。

第一，以拙取勢，結字準確。

通觀全卷，除一二一行旁以小行楷補寫二十餘字，其餘之行皆以草書爲之，其字雖以拙取勢，但絕不是醜書、孬書、爛字。每字皆合草書結字，自始至終，用筆不懈，是以無懈可擊。

細觀全卷結字，「一、二、三」之横道，皆如楷書之駐筆，而無「雁尾」之勢。又如「人、來、界」之反捺，亦無隸勢之筆。更爲明顯的是，「天、過、色、非」等字，基本不作章草的「浮鵝勾」。因此，可以説《法華玄贊》卷十今草部分的比重大於章草。

第二，收字豐富，唐草珍品。

釋校中隨手記録一些草書字形，乃前所未見，如「寶」字係「宀」下加「母」。「母」字，形似草書「五」，而最後一筆轉而向下，向右，長筆寫出。此「寶」和「母」之字形，《草字編》和《日本歷代書聖名迹書法大字典》[一]皆未收見，將來補入草書字典，使唐人草書重現光華，是多麽令人高興的事情。

又如「缺」，其左旁之「缶」作「毛」，此形見於武則天書《昇仙太子碑》，又見於日本平安時期著名書法家小野道風尺牘，之後南宋趙構《草書禮部韻寶》用此形，再此之後，書家之字鮮見此形。

[一] 上引洪鈞陶編《草字編》，文物出版社，一九八三；北川博邦編《日本歷代書聖名迹書法大字典》，華夏出版社，二〇〇一。

此外「頭、演、翹、膽、鬬、惱、梟、壞、蜂」等字，或上接古帖，或見於俗字，或更加草化，皆是字學中之珍寶，細挹之可得無窮之源。

（陳志遠、呂義）

圖書在版編目(CIP)數據

法華玄贊. 卷十 / 吕洞達, 吕義編著. --北京:
社會科學文獻出版社, 2022. 2
（敦煌草書寫本識粹 / 馬德, 吕義主編）
ISBN 978-7-5201-9346-7

Ⅰ. ①法… Ⅱ. ①吕… ②吕… Ⅲ. ①《法華經》-
研究 Ⅳ. ①B942.1

中國版本圖書館CIP數據核字（2021）第227842號

·敦煌草書寫本識粹·
法華玄贊卷十

主　　編 / 馬　德　吕　義
編　　著 / 吕洞達　吕　義

出 版 人 / 王利民
責任編輯 / 胡百濤
責任印製 / 王京美

出　　版 / 社會科學文獻出版社·人文分社（010）59367215
地址：北京市北三環中路甲29號院華龍大厦　郵編：100029
網址：www.ssap.com.cn
發　　行 / 社會科學文獻出版社（010）59367028
印　　裝 / 北京盛通印刷股份有限公司

規　　格 / 開　本：889mm×1194mm 1/16
印　張：18　字　數：150千字　幅　數：108幅
版　　次 / 2022年2月第1版　2022年2月第1次印刷
書　　號 / ISBN 978-7-5201-9346-7
定　　價 / 498.00圓

讀者服務電話：4008918866